中国图书国际传播研究

尹飞舟　谢清风　王海刚　郭晴晴　著

U0852956

湘潭大学出版社
XIANGTAN UNIVERSITY PRESS

2017年度湖南省社科基金重大委托项目“中国出版沿‘一带一路’走出去的布局与对策研究”（项目编号：17WTA06）研究成果

前　言

一、中国图书国际传播的重要意义

习近平总书记在党的二十大报告中说："坚守中华文化立场，提炼展示中华文明的精神标识和文化精髓，加快构建中国话语和中国叙事体系，讲好中国故事、传播好中国声音，展现可信、可爱、可敬的中国形象。加强国际传播能力建设，全面提升国际传播效能，形成同我国综合国力和国际地位相匹配的国际话语权。深化文明交流互鉴，推动中华文化更好走向世界。"中国图书是中华文明最重要的载体，是"讲好中国故事、传播好中国声音，展现可信、可爱、可敬的中国形象"最适用的形式之一。尤其是一些传世的经典图书，其智慧的光芒穿透历史，思想的价值跨越时空，不断将人类引向光明。《习近平谈治国理政》是当代中国的治国经典，该书被翻译成30多种语言在全球发行，展示了新时期中国领导人的执政理念，为人类和平发展提供了中国智慧。自2014年10月8日在法兰克福书展举办首发式以来，该书受到国际社会广泛关注，反响热烈，持续热销。莫言的作品是当代中国的文学经典，2012年获诺贝尔文学奖之后已被翻译成20多种语言出版。《孙子兵法》是中国古代的兵书经典，在世界各地广为流传，对世界军事思想以及商业谋略产生了深远的影响，至今仍被奉为军事学最重要的经典著作。一个国家在世界文化史上的地位关键要看这个国家给世界贡献了多少个经典作家，看这个国家给世界贡献了多少经典作品，看这个国家的经典作品在世界传播的程度怎么样。

党的十九大报告强调，“文化是一个国家、一个民族的灵魂。文化兴国运兴，文化强民族强。没有高度的文化自信，没有文化的繁荣兴盛，就没有中华民族伟大复兴”。一个民族的文化记录着一个民族的延续和传承，承载了该民族发展历程和所创造的文明成果，渗透进了该民族的血液之中。而文化自信，正是对于民族文化传统、文化现状的认知以及对将来文化繁荣发展的坚定信念。近代以来，中国由于长时间处于落后状态，中西文化交流中西学东渐成为主流。但在中华民族走向伟大复兴的今天，我们要充满自信地贡献中国智慧，要推动中华文化走出去，这是中华民族文化自信的最好体现。中国图书“走出去”是中国文化“走出去”的一个重要部分。在国家政策的推动下，“走出去”成了中国文化的行业性发展趋势，包括文化产品、知识产权与资本等多方面的“走出去”，但居于重要地位的是图书的国际传播与推广。图书的国际传播包括图书的实物输出、版权贸易以及与之相关的国际出版合作。在中国出版加快融入国际出版市场的大背景下，中国图书的国际传播以实物输出、资本合作和版权输出多种方式实现，但最主要的方式还是版权输出。在中国文化走出去的大背景下，中国图书的国际传播是考察中国出版业“走出去”成效的一个关键尺度，既是中国出版业自身国际化的需要，也是弘扬中华文化、促进中外人文交流的需要。

中国图书的国际传播既是讲好中国故事的迫切需要，也是中国出版业自身国际化发展的需要。因此，对中国图书国际传播的现状、趋势及其发展规律进行研究，是加强国际传播能力建设，全面提升国际传播效能的一项重要课题。

二、本书的研究方法与结构

本书是湖南省哲学社会科学基金办公室2017年度重大委托项目“中国出版沿‘一带一路’走出去的布局与对策研究”（湘社科办〔2017〕9号，项目编号：17WTA06）的最终研究成果。

本课题以“讲好中国故事，展现真实、立体、全面的中国”为指导，研究新时代中华文化走出去的背景下中国图书国际传播的现状与对策，在关注各个时期中国经典作品的同时，重点关注当代中国经典作品，重点关注当代中国主题图书、文学图书、学术著作、少儿读物以及传统文化图书，具体指以下七类：一是以《习近平谈治国理政》《历史的轨迹：中国共产党为什么能?》为代表的中国主题的图书（包括展现当代中国改革开放成就的图书），二是以莫言、刘慈欣等作家的作品为代表的当代文学图书，三是以曹文轩作品为代表的少儿读物，四是以《中国哲学30年》《解读中国经济》等为代表的哲学社会科学著作，五是以《青蒿及青蒿素类药物》为代表的自然科学著作，六是以《走进美丽的京剧》《中华饮食文化史》等为代表的中国传统文化读物，七是以“大中华文库”为代表的中国古代典籍。

本课题的研究样本以“中国图书对外推广计划”“经典中国国际出版工程”等国家项目支持的作品为基本范围。经典图书的传播与推广一直受到国家的重视与支持，新中国成立后开始的对外译介经典图书完全是国家财政支持的。2001年新闻出版业积极响应国家号召，实施出版“走出去”战略以来，相关部门出台了一系列引导政策，相继设立了“中国图书对外推广计划”“经典中国国际出版工程”“中国当代作品翻译工程”“中外图书互译项目”“中华学术外译项目”“丝路书香工程”等政策项目，支持中国图书在全球的传播与推广。2007年设立的国家出版基金也重视对以“大中华文库”为代表的外向型选题的支持。上述政策项目的入选作品都经过了严格的评审，是相关领域具有较高水准的优秀作品，是研究中国图书国际传播的理想样本。

本课题采用以下方法研究中国图书的国际传播：一是样本数据分析方法。课题组搜集整理了各类相关数据，力求比较完整地掌握中国图书国际传播历史与现状。数据搜集整理包括三个方面：一是“中国图书对外推广计划”“经典中国国际出版工程”等各个国家项目历年的资助书目，以此为样本对中国图书国际传播的类别情况、区域状况、语种分布、译者情况、出版机构及线上销售进行专项分析。二是以部分国家政策支持的项目、现当代文学经典作品和“大中华文库”的110种中国典籍书目的外译版本为检索目录，分别在中国国家图书馆、美国国会图书馆等全球重要的图书馆检索，分析国家政策支持的经典图书、现当代中国文学经典作品以及中国古代典籍的翻译出版状况和译作馆藏情况。三是查阅历年《中国出版年鉴》《中国新闻出版统计资料汇编》及相关书籍，整理历年的版权贸易数据，作为分析中国图书国际传播的背景资料。二是文献研究方法。课题组搜集研读了《新闻出版业走出去工作指南》《中国图书“走出去”基础书目1》《中国图书的世界影响力年度研究报告》《中国对外文化贸易年度报告》等多种文献，搜集研读了相关研究论文，从中了解国家相关政策的制定及其变迁，了解中国出版“走出去”的发展趋势，吸取政府及业界对中国图书国际传播的思考与认识，研究中国图书国际传播的发展历程和发展对策。三是案例分析方法。选取经典图书国际传播的典型案例，对其翻译出版的运作方式、传播效果等进行研究，分析案例的成功经验与存在的问题。本课题运用这一方法研究中国图书国际传播的运作模式。四是问卷调查方法。本课题组针对美国读者发放调查问卷，了解美国读者对中国图书的阅读需求。

作为本课题最终研究成果，本书贯彻了课题的研究指导思想，完成了课题研究任务。本书分为两编，第一编是中国图书国际传播的专题研究，研究了十个相关专题。第一章“中国图书国际传播的进程”，把建国以来中国图书的国际传播进程分为三个阶段，分别阐述各个阶段的发展状况及特点。第二章“中国图书国际传播的类别、语种和区域”，分析中国图书国际传播的类别情况、区域传播状况和语种分布。第三章“中国图书国际传播的译者与出版机构”分析相关的译者情况和出版机构构成。第四章“中国图书的海外馆藏与读者分析”研究中国图书海外馆藏情况及国外读者状况。第五章“中国图书国际传播的模式”选取典型案例研究其出版运作模式和成功经验。第六章“促进中国图书国际传播发展的对策”是本课题研究的指归，也是本书的重点，基于上述研究提出了新时代进一步推进中国图书国际传播对策。第二编是中国图书国际传播的个案研究，研究了中南出版传媒集团图书“走出去”的现状、成就、问题与发展对策。作为湖南的研究课题，要为湖南的经济社会发展服务，这就是本书第二编的研究指导思想。第二编一共三章，第七章阐述“中南出版传媒集团图书‘走出去’概况与发展进程”，第八章总结“中南出版传媒集团图书‘走出去’的成就与经验”，第九章分析“中南出版传媒集团图书‘走出去’存在的问题与改进对策”。

本书由湖南师范大学师生撰写。其中，前言、第一章、第三章由尹飞舟（湖南师范大学教授、博士生导师、编辑出版方向学科带头人）撰写，第二章、第五章由谢清风（湖南师范大学讲座教授、中南出版传媒集团总编辑）撰写，第四章、第六章由王海刚（湖南师范大学新闻与传播学院副院长、教授、博士生导师）撰写，下编由尹飞舟指导郭晴晴（湖南师范大学新闻与传播学院2022届研究生）撰写。

目 录

上编 中国图书国际传播专题研究

第一章 中国图书国际传播的进程 …… 3

第一节 外宣阶段（1950—2000 年） …… 3

第二节 政府主导阶段（2001—2015 年） …… 9

第三节 政府引导新阶段（2016 年以后） …… 20

第二章 中国图书国际传播的类别、语种和区域 …… 27

第一节 类别 …… 27

第二节 语种 …… 35

第三节 区域 …… 39

第三章 中国图书国际传播的译者与出版机构 …… 48

第一节 译者 …… 48

第二节 出版机构 …… 58

第四章 中国图书的海外馆藏与读者分析 …… 66

第一节 海外馆藏分析 …… 66

第二节 海外读者分析 …… 86

第五章　中国图书国际传播的模式 ………………………… 98
第一节　“送出去”：政府主导模式 ………………………… 98
第二节　“卖出去”：市场主导模式 ……………………… 103
第三节　“融进去”：系统模式 …………………………… 108
第四节　中国当代文学在“一带一路”沿线国家的传播创新……………………………………………… 118
第五节　中国图书进入俄罗斯的本土化模式创新……… 132

第六章　促进中国图书国际传播发展的对策……………… 144
第一节　精准发挥政策引导作用…………………………… 144
第二节　建立图书传播效果的评价体系…………………… 150
第三节　精心选择图书的推广书目………………………… 159
第四节　本土化战略的具体实施路径……………………… 160
第五节　中国图书的数字化推广…………………………… 162
第六节　大力培养出版国际传播人才……………………… 165

下编　中国图书国际传播个案研究

——中南出版传媒集团图书“走出去”分析

第七章　中南出版传媒集团图书“走出去”概况与发展进程………………………………………… 179
第一节　概况………………………………………………… 180
第二节　发展进程…………………………………………… 181

第八章　中南出版传媒集团图书“走出去”的成就与成功经验 …… 187
第一节　成就 …… 188
第二节　成功经验 …… 204

第九章　中南出版传媒集团图书“走出去”存在的问题与对策 …… 221
第一节　存在的问题 …… 221
第二节　对策 …… 231

上编

中国图书国际传播专题研究

第一章　中国图书国际传播的进程

按照传播学理论，“传播”的构成要素包括了传播者、传播信息、受传者、传播渠道和反馈，表现为传播者与受传者互动的过程；“推广”则是指主动地扩大某事物的影响及运用范围，虽然推广的过程必然伴随有传播，但其着眼点只是在推广者一方。向外推介自己的文化，这是世界上的普遍现象，尤其是经济发达、国力强盛的国家。新中国成立以来，中国图书的国际传播一直受到政府的推动。但在不同阶段，传播的外部环境、政府的推动方式、传播与推广的实施主体和运作模式呈现出不同的特点。由于中国图书的国际传播推广进程是渐进和延续的，所以新旧阶段的特征常常同时并存。

第一节　外宣阶段（1950—2000年）

一、基本格局

新中国图书的国际传播始于20世纪50年代初，从彼时起直到2001年新闻出版业实施出版“走出去”战略的半个世纪，基本上是中国图书国际传播的外宣阶段。1952年，国际新闻局改组成立外文出版社，成为专门从事编译出版外文书刊的出版机构。出版总署在《关于中央一级各出版社的专业分工及其领导关系的规定（草案）》中明确："外文出版社是国家对外宣传的外文书刊统一的出版机构。"在当时的背景下，由于西方敌对势力的封锁，我国出版业与国际出版业处于彼此隔离的状态，中国外文出版发行事业局（简称外文局）是新中国对外宣传的唯一窗口。外文局下属的外文出版社以及此后成立的朝华出版社、海豚出版社、新世界出版社、中国文学出版社等，成为国家对外翻译出版中国图书为数不多的阵地。

这种状况到改革开放以后有了一点改变，除了外文局下属出版社以外，极少数其他中央出版社也尝试与国外出版机构合作出版中国主题的图书。如中国出版对外贸易总公司联合中国摄影出版社与澳大利亚威尔顿-哈代公司合作出版画册《中国-长征》；文物出版社与日本平凡社合作出版《中国石窟》（17卷），文物出版社与讲谈社合作出版《中国博物馆》（16卷）；人民美术出版社以收取版税的方式授权比利时范登公司出版《中国美术全集》（60卷）法文版。但是，这些变化是局部的，出版的图书数量很少，并没有整体上改变中国图书对外推介渠道单一的局面。

中国于1992年加入伯尔尼公约和世界版权公约，但这也没有立即改变外文出版社等出版机构作为中国图书传播与推广的主渠道的状况。1992年以后，中国逐渐与国际出版业接轨，版权贸易逐渐开展。最初一段时间里，国内出版机构主要关注的是引进国外图书版权，出现了购买国外版权的热潮。尽管出版分工的限制已经放宽，但大多数出版社缺乏有经验的外文编辑，一时难以涉足图书的对外翻译出版。

因此，从新中国成立一直到2003年新闻出版业实施出版"走出去"战略，这半个世纪基本上是中国图书国际传播的外宣阶段。在这个阶段，中国出版业与国际出版业处于分隔状态，中国图书的国际传播与推广成了国家对外宣传工作的一部分，这就使中国图书的对外传播与推广一开始就具有“对外宣传”的特征。外文出版社的设立最初就是为了“冲破国际敌对势力的封锁，传递中国正义声音”，外文局下属的几家出版社基本上是图书对外推介的仅有渠道，除了少量图书与外国出版机构合作推出，主要以外文图书出口的方式对外推介。

与中国图书国际传播关联紧密的版权贸易，是改革开放以后才开始的。许力以在“中国出版同海外合作与交流二十年”中指出：“改革开放头10年，我们以输出版权为主，后10年情况相反，以引进为主。现在一年进出共6000个项目，输出还不够600个项目，引进5000多项。引进与输出，10与1之比。”（《中国出版史料 现代部分》第三卷上册，564页）下面的“1995—2000年的版权贸易情况”表证实了许力以的观点，版权的引进与输出比率很大，其中1999年的版权引进是版权输出的15倍。

表1.1　1995—2000年的版权贸易情况

年份	引进版权（项）	输出版权（项）	引进与输出比
1995	1664	354	4.7:1
1996	2915	250	11.7:1
1997	3224	353	9.1:1
1998	5469	588	9.3:1
1999	6461	418	15.5:1
2000	7343	638	11.5:1

与版权贸易的情况不同，下面“1998—2000年出版产品实物进出口情况”表说明这段时期出版产品实物进出口逆差并不大，外国图书进入中国市场主要是通过版权转让和在国内翻译出版实现的，外国的原文版图书在国内直接销售的数量并不很大。

表 1.2　1998—2000 年出版产品实物进出口情况

年份	实物进口		实物出口		贸易逆差
	数量（万册/份）	金额（万美元）	数量（万册/份）	金额（万美元）	金额（万美元）
1998	294.77	5277.26	526.74	1513.18	3764.08
1999	307.59	6014.73	505.65	1636.72	4378.01
2000	1530.33	6293.49	625.90	1731.86	4561.63
总计	2132.69	17585.48	1658.29	4881.76	12703.72

二、国际传播产生重要影响的图书

在对外出版条件非常艰难的这个阶段，仍然有一大批中国图书被推介到了国外。这个阶段的中国图书翻译出版已经体现出“重视当代、兼顾传统”的思路，译介的结构类别也很明确。

（一）党和国家领导人的著作

为了加强国际宣传，《毛泽东选集》先后被译为多种外国语言发行，成为全球销量第二大的图书，其中影响最大的是英文版和俄文版。1953 年 1 月 19 日，外文出版社起草了《对于〈毛泽东选集〉英语本出版的初步意见》上报中央。得到中央批示同意后着手筹备《毛泽东选集》英文版的出版发行。该年 5 月 25 日，中国国际书店与英共领导的劳伦斯出版公司签订在英国出版《毛泽东选集》英文本的协议。协议议定，中国国际书店将《毛泽东选集》的正式英译本在英国出版与发行的全部权利赋予劳伦斯出版公司，《毛泽东选集》英译本卷数及各卷内容与莫斯科外国书籍出版社出版的俄文版保持一致。中央高度重视毛选英译出版工作，组织当时国内水平最高的翻译家、学者钱锺书、金岳霖、陈翰笙、王佐良、赵澧、吴景荣、许国璋等组成“党中央宣传部英译毛选委员会”（后更名为“毛泽东选集英译室”），由徐永煐任主任。1960 年，《毛泽东选集》一至四卷英文版出版发行。

1979 年，中央决定其他领导人的著作也将组织翻译成外文出版。1984 年 12 月 6 日，英文版《邓小平文集》在伦敦出版，伊斯雷尔·爱泼斯坦担任了《邓小平文集》英译的定稿人。。1985 年 8 月 2 日，英国出版印刷界著名人士、出版英文版《邓小平文集》的培格曼出版公司总经理、《镜报》集团董事长罗伯特·马克斯韦尔将一本羊皮烫金精装《邓小平文集》赠给邓小平。马克斯韦尔对邓小平说："英文版《邓小平文集》第一次印刷的 1 万册已售完，又重印了 2 万册。这说明您的书是丛书中最受欢迎的。"1964 年翻译出版的《邓小平文集》日文版在日本也受到读者好评，日本放送协会（NHK）在广播时采用了该译本。

（二）中国文学作品

1951 年，由叶君健主持创办了英文版《中国文学》季刊；1964 年，《中国文学》法文版问世。20 世纪 80 年代《中国文学》进入了黄金时期，在中国文学走势看好的时候，《中国文学》新任主编杨宪益于 1981 年倡议出版"熊猫丛书"（丛书以国宝熊猫为标记）。丛书主要用英、法两种文字出版中国当代、现代和古代的优秀作品，也出版了少量的德、日等文版"熊猫丛书"。该丛书一经推出，立即受到国外读者的广泛欢迎和好评，许多书重印或再版。由于丛书的作用日益重要，1986 年正式成立了中国文学出版社，承担《中国文学》杂志和"熊猫丛书"等书籍的出版。

"熊猫丛书"共出版 190 多种，发行到 150 多个国家和地区，成为中国文学对外译介的品牌。合集的有《诗经全译本》、《汉魏六朝诗文选》、《唐代传奇选》、《明清诗文选》、《三部古典小说选》、《历代小说选》、《龙的传说》、《三十年代短篇小说选》、《五十年代小说选》、《女作家作品选》（五册）、《当代优秀短篇小说选》、《小小说选》、《中国当代寓言选》等等。出专集的古今作家有：陶渊明、王维、蒲松龄、刘鹗、鲁迅、李夫、茅盾、巴金、老舍、冰心、叶圣陶、沈从文、丁玲、郁达夫、吴组缃、李广田、闻一多、戴望舒、艾青、孙犁、萧红、萧乾、施蛰存、艾芜、马烽、叶君健、刘绍棠、茹志娟、陆文夫、王蒙、玛拉沁夫、蒋子龙、谌容、宗璞、张贤亮、张承志、梁晓声、邓友梅、古华、汪曾祺、高晓声、王安忆、冯骥才、贾平凹、张洁、韩少功、霍达、方方、池莉、凌力、铁凝、刘恒、舒婷、犁青、陈建功、郭雪波、刘震云、周大新、阿成、林希、刘醒龙、史铁生、马丽华、程乃姗、航鹰、金江、聂鑫森、扎西达娃、益希单增等（详单见外文局民间刊物《青山在》2005 年第 4 期所载《中国文学出版社熊猫丛书简况》一文所列具体书目）。其中，法文版《艾青诗 100 首》获 1998 年鲁迅文学奖。

除了“熊猫丛书”外，四大古典名著英文版也由外文出版社在这段时期推出。《红楼梦》由杨宪益、戴乃迭夫妇翻译，是杨戴众多译作中影响最大的一部。杨戴夫妇于 20 世纪 60 年代初着手翻译《红楼梦》，1974 年完成，由外文出版社出版。《西游记》英译者詹纳尔是著名的汉学家和中国文 学翻译家。他 1964 年底着手翻译《西游记》，在 1986 年完成，历经 20 余年。《水浒传》英文版由沙博理翻译。沙博理出生于美国纽约，毕业于圣约翰大学法律系，犹太裔翻译家。他译的《水浒传》1980 年出版。《三国演义》英文全译本由罗慕士翻译。罗慕士 1937 年出生于美国，是美国东方研究学会成员、纽约大学东亚研究系教授、《亚洲学者杂志》主编。他译的《三国演义》1991 年由外文出版社和美国加州大学出版社联合出版。

（三）中国传统文化图书

这方面有代表性的图书是外文出版社出版的《中国绘画三千年》。该书由中、美两国学者共同执笔撰写，收录中国画作图片约330幅，内容涵盖旧石器时代（约100万年前）到现代（约20世纪）的各个时期，是有关中国绘画史比较完整的著作。

第二节　政府主导阶段（2001—2015年）

一、基本格局

2001年中国新闻出版业开始实施“走出去”战略，标志着中国图书国际传播进入了一个新的阶段，从单一渠道对外推介转向整个行业向全世界推广。2001年《国民经济与社会发展第十个五年计划纲要》提出：“坚定不移地扩大对外开放，在积极‘引进来’的同时，实施‘走出去’战略。”该文件一出台，新闻出版业立刻积极响应。2002年5月国家新闻出版总署（现为国家新闻出版署）下发《关于贯彻落实“关于深化新闻出版广播影视业改革的若干意见”的实施细则》，明确提出实施出版“走出去”战略。在2003年的全国新闻出版局长会议上，国家新闻出版总署署长石宗源强调新闻出版业发展的“走出去”战略，与同时提出的精品战略、集约化战略、科技兴业战略和人才战略并称为中国新闻出版业“五大战略”。2006年，国家新闻出版总署制定《新闻出版业“十一五”发展规划》，新闻出版业“走出去”继续作为行业发展的八大战略之一。2011年，国家新闻出版总署出台了《新闻出版业“十二五”时期“走出去”发展规划》，这是国家出版行政管理部门第一次专门为“走出去”制定的专项五年规划。2012年，为了加大对新闻出版业“走出去”的推动力度，国家新闻出版总署以年度 1 号文件形式发布了《关于加快我国新闻出版业走出去的若干意见》。

在实施新闻出版业“走出去”的宏观政策指导下，一系列支持中国图书国际传播与推广的国家项目也相继出台。2004 年，国务院新闻办公室与国家新闻出版总署启动了“中国图书对外推广计划”，以资助翻译费的方式鼓励国内外出版机构翻译出版中国图书。2009 年开始实施“中国文化著作翻译出版工程”，作为“中国图书对外推广计划”的升级版。2009 年 10 月，国家新闻出版总署启动“经典中国国际出版工程”，鼓励和支持适合国外市场需求的外向型中国优秀图书选题的出版。“十一五”期间，国家新闻出版总署等部门启动了“中外图书互译计划”，促进中外出版交流；中宣部文艺局等部门启动了“中国当代作品翻译工程”，促进中国当代文学作品的对外翻译出版。2010 年，国家社会科学基金开始立项“中华学术外译项目”，促进当代中国学术图书走向世界。

在国家政策的推动下，“走出去”成了中国出版业全行业的行为。不仅中央出版社积极响应，全国各省（自治区、直辖市）新闻出版行政管理部门也落实中央政策，激励当地出版单位努力“走出去”，对输出版权、开发外向型选题、获得“中国图书推广计划”和“经典中国国际出版工程”等国家项目的编辑和出版社给予奖励或表彰。如江苏省将列入“经典中国国际出版工程”“中国图书对外推广计划”的图书直接纳入江苏省新闻出版政府奖；湖南省、江西省将版权输出和出版外向型图书列为出版单位社会效益考核指标；浙江省对“走出去”重点图书给予出版资金补贴；等等。

在中央和地方政府的大力推动下，这一阶段版权输出出现了快速发展的局面。从下面“2001—2015 年的版权贸易情况”表可以看出，15 年中版权贸易引进与输出比从 12.6∶1 大幅缩小到 1.6∶1。说明了国内出版机构在国家政策引导下，积极努力地开拓国际市场，向国外出版机构转让版权，中国经典作品在国外的出版规模持续增长。与其相反，中外出版产品实物进出口却是逆差日渐加大，说明国内读者对原版的国外出版产品需求增加，国内读者的外文阅读增多。

表 1.3　2001—2015 年的版权贸易情况

年份	引进版权（项）	输出版权（项）	引进与输出比
2001	8250	653	12.6∶1
2002	11517	1317	8.7∶1
2003	15555	1427	10.9∶1
2004	11746	1362	8.6∶1
2005	10894	1517	7.2∶1
2006	24772	4114	6.0∶1
2007	11101	2593	4.3∶1
2008	16969	2455	6.9∶1
2009	13793	4205	3.3∶1
2010	16602	5691	2.9∶1
2011	16639	7783	2.1∶1
2012	17589	9365	1.9∶1
2013	18167	10401	1.7∶1
2014	16695	10293	1.6∶1
2015	16467	10471	1.6∶1

表 1.4 2001—2015 年出版产品实物进出口情况

年份	实物进口		实物出口		贸易逆差
	数量（万册/份）	金额（万美元）	数量（万册/份）	金额（万美元）	金额（万美元）
2001	1777. 17	4284. 62	651. 08	1840. 86	2443. 76
2002	1501. 58	10710. 26	709. 03	1957. 54	8752. 72
2003	1981. 48	16880. 91	898. 78	2469. 34	14411. 57
2004	2038. 23	18391. 13	895. 63	2766. 52	15624. 61
2005	1444. 11	18351. 35	807. 59	3498. 19	14853. 16
2006	2413. 14	21172. 82	1113. 11	3916. 43	17256. 39
2007	2401. 08	25445. 70	1091. 57	3967. 97	21477. 73
2008	3469. 03	28618. 21	828. 54	3588. 57	25029. 64
2009	2811. 27	31032. 33	895. 17	3498. 83	27533. 50
2010	2944. 82	37391. 28	1047. 51	3758. 16	33633. 12
2011	3019. 51	42508. 04	1151. 89	3940. 68	38567. 36
2012	3156. 63	46807. 60	1648. 61	4896. 69	41910. 91
2013	2390. 05	48070. 97	1996. 27	6134. 83	41936. 14
2014	2552. 29	49381. 70	1691. 49	5806. 12	43575. 58
2015	2823. 37	54765. 20	1553. 57	5863. 50	48901. 70
总计	36723. 76	453812. 12	16979. 84	57904. 23	395907. 89

二、国家政策支持的“走出去”项目

在国家项目支持下，这个阶段中国经典作品的传播推广出现了快速发展的局面。下面是这一阶段“中国图书对外推广计划”“经典中国国际出版工程”等项目的实施情况。

（一）“中国图书对外推广计划”2004—2015 年资助情况

“中国图书对外推广计划”于 2004 年下半年全面启动，截至 2015 年底，已同美国、英国、法国、德国、荷兰、俄罗斯、澳大利亚、日本、韩国、越南，巴西、南非、阿联酋等 72 个国家的 603 家出版机构签订资助协议 2676 项，涉及图书 2973 种，语种 47 个。

（二）“经典中国国际出版工程”2009—2015 年资助情况

“经典中国国际出版工程”作为国家较早资助的政策项目，于 2009 年开始实施。在 10 年的发展进程中，“经典中国国际出版工程”的资助成果丰硕，共资助了国内外 220 家出版机构，涉及 1345 个项目、47 个语种，极大地推动了图书对外翻译出版的进程，推动了中国文化“走出去”。

表 1.5　“经典中国国际出版工程”2009—2015 年资助情况

年份	资助项目数	资助语种数	资助出版机构数	资助图书类别
2009 年	112	不详	55	4
2010 年	97	不详	52	6
2011 年	46	不详	31	7
2012 年	91	不详	58	7
2013 年	165	24	87	7
2014 年	418	26	87	7
2015 年	102	19	51	7

（三）“中外图书互译出版项目”进展情况

截至 2015 年，中外政府间签署了中外图书互译出版合作的协议共计 48 份。其中文化部外联局与外国政府签署文化执行计划 31 份，包括埃及、沙特阿拉伯、塞舌尔、韩国、科特迪瓦、几内亚、阿尔巴尼亚、黑山、保加利亚、波兰、克罗地亚、立陶宛、塞尔维亚、加蓬、土耳其、乌拉圭、厄瓜多尔、老挝、喀麦隆、加拿大、坦桑尼亚、澳大利亚、法国、瑞士、南非、巴勒斯坦、赞比亚、尼日尔、斯洛文尼亚、波黑、西班牙等31个国家。原国家新闻出版广总局与外国出版相关部门签署中外图书互译出版计划17份（俄罗斯两份），包括希腊、沙特阿拉伯、以色列、葡萄牙、俄罗斯、阿尔巴尼亚、白俄罗斯、斯里兰卡、科威特、塞尔维亚、塞舌尔、印度、土耳其、古巴、伊朗等15个国家以及阿拉伯国家联盟（22国）等。上述48份协议共涉59个国家（包括阿盟22国），其中有30多个“一带一路”沿线国家。

原国家新闻出版广电总局签署的17个出版项目中，到2017年有6个项目有了成果，共计出版互译图书150种。具体如下：

表1.6　部分“中外图书互译出版项目”出版情况

项目名称	中方翻译出版外方图书	外方翻译出版中方图书
中俄经典与现代作品互译出版项目	51	35
中阿（阿拉伯国家联盟）典籍互译出版工程	19	23
中印经典和当代作品互译出版项目	1	/
中阿（阿尔巴尼亚）经典图书互译出版项目	2	5
中古经典互译出版项目	5	3
中塞图书互译出版项目	/	6
中外分计	78	72
中外合计	150	

（四）“中国当代作品翻译工程”进展情况

“中国当代作品翻译工程”由中宣部文艺局指导，原国家新闻出版广电总局进口管理司与中国作家协会创研部组织实施。原国家新闻出版广电总局进口管理司充分利用“中国当代作品翻译工程”，推动当代文学作品走向世界。目前，在“中国当代作品翻译工程”中立项资助4期，66种图书，涉及15个语种。截止到2015年，已翻译出版图书28种，正在翻译即将出版的图书22种，其余16种图书已启动翻译工作。

（五）“中华学术外译项目”2010—2015年资助情况

“中华学术外译项目”从2010年开始实施，截至2015年，共资助项目419个，涉及176家出版机构、8种语言。

表1.7　“中华学术外译项目”2010—2015年资助情况

年份	资助项目数	资助语种数	资助图书类别	资助出版机构数
2010	13	1	4	6
2011	67	1	6	12
2012	73	5	10	29
2013	67	6	13	30
2014	86	7	16	47
2015	113	8	17	52

总的来讲，这个阶段政府的推动政策陆续出台，中国经典作品的传播与推广呈现出高速发展的态势。

三、国际传播产生重要影响的图书

这段时期在国际传播中产生影响的中国图书越来越多，以下图书的影响尤其突出。

（一）中国主题图书

《平易近人：习近平的语言力量》（以下简称《平易近人》）自2014年11月由上海交通大学出版社出版发行后在市场上热

销，不到两个月再版4次，出版至今重印了10余次，累计销量逾70万册。《平易近人》以中共十八大以来习近平总书记系列讲话为素材，辑录其中富有特色的理念关键词，分为形象比喻、俗文俚语、诗文引用三个篇章，从语源、语义等角度对其思想内涵、现实意义等进行阐述。《平易近人》作为一本通俗政治理论读本，脱离了枯燥叙述政治思想的窠臼，在书名上取巧，让人有耳目一新之感。在内容上并不是直接去说明和介绍中国的政治思想、政治现状，而是从语言文化的角度切入，挖掘形象比喻、诗文引语和通俗易懂的惯用语词条背后所渗透的“中国力量”及其中的治国理政“战略思维”。在国内取得成功之后，至今已有5个语种的版本进入国际图书市场。于2015年获得“经典中国国际出版工程”资助的英文版系与外文出版社联合出版，日文版系与科学出版社东京株式会社联合出版，该书一进入国际市场便引起了海外读者的关注和好评。

《历史的轨迹：中国共产党为什么能?》的英文版由英国新经典引进新世界出版社版权，之后由该出版社全权负责翻译、出版、发行的全流程活动。英国新经典出版社（New Classic Press）由北京求是园文化传播有限公司在英国投资设立，该出版社最重要的定位是向世界正面介绍真实的中国。作为新经典运作该类图书中最为成功的一本，《历史的轨迹：中国共产党为什么能?》自出版以来在国外实现了12个语种的版权输出，英文版在全球销量已超过8000册。在内容上，该书通过故事讲述的方式分析了13个重大党史问题。在写作思路和手法上另辟蹊径，摆脱该类题材惯有的理论化晦涩表达，通过故事和图片来讲述党史研究成果，内容生动通俗，书中还大量引用国内外名人及媒体，特别是西方学术界和媒体对中国共产党党史问题的相关观点、评论，讲述契合国际关切，引起国外读者的阅读兴趣。

（二）中国当代文学作品

虽然莫言的作品最早于 20 世纪 90 年代就开始译介到国外，但真正大量被国外翻译出版是在 21 世纪。2000 年至 2010 年的十年间，莫言越来越多的作品被译介到国外。据统计，共有 122 个版本，30 部莫言的作品在这一阶段被译介，2008 年达到最高峰，有 18 部作品被翻译出版。法国、越南在这一时期出版了大量莫言的作品，如《透明的红萝卜》《丰乳肥臀》《酒国》《檀香刑》《天堂蒜薹之歌》等。此外，一些欧洲国家也开始对莫言作品进行翻译出版：2007 年斯洛文尼亚出版了《灵药》；斯洛伐克 2008 年出版了《民间音乐》；2010 年，罗马尼亚出版了《变》。2012 年，莫言获得诺贝尔文学奖，一时间这个“默默不语”的中国作家成为大家热议的对象。2012 年各国出版莫言作品的数量达到 49 种，大大超过了 2008 年高峰时期的数量。因翻译文本需要时间，出版莫言作品的最高峰出现在 2013 年，达到了 57 种，诺贝尔文学奖的高温热度持续到 2015 年，出版作品数量是 23 种，此后数量开始下降。2012 年一年内，美国的拱廊出版社出版了《生死疲劳》《酒国》《丰乳肥臀》《师傅越来越幽默》等中长篇作品，俄克拉荷马大学出版社出版了《檀香刑》，维京企鹅图书公司出版了《天堂蒜薹之歌》，截至 2015 年，莫言最具代表性的长篇小说都被翻译成英语。

《狼图腾》于 2004 年 4 月由长江文艺出版社出版；同年 8 月，该社在北京与企鹅出版集团签订协议。《狼图腾》的英文版在全球同步发行，企鹅集团支付 10% 的版税，预付 10 万美元。第一版英文精装本，全球发行 50 万册，定价 30 美元/本。该书英文版权的输出，是我国当代文学作品首次大规模进入英文主流文化市场。目前该书已被翻译成 30 多种语言。

2014 年，麦家的《解密》英译本签约英国企鹅出版集团，被收进“企鹅经典文库”。该丛书是国际文学界最著名的品牌，入选作家有詹姆斯·乔伊斯（《尤利西斯》）、马尔克斯（《百年孤独》等，几乎涵盖了世界文坛最重要的作家。麦家成为继鲁迅、钱锺书、张爱玲之后被收进该文库的中国当代作家。

《三体》是刘慈欣创作的系列长篇科幻小说。2014 年，美国麦克米伦公司旗下的托尔公司出版发行英文版，2015 年 8 月 22 日，获得雨果奖最佳长篇小说奖，登顶科幻文学之巅。《三体》三部曲已累计输出包括美国、英国、法国、德国、西班牙、韩国、泰国、俄罗斯等 20 多个国家和地区，已出版 12 个语种版本，在国际上多次获奖。

（三）介绍中国文化的图书

“发现中国系列”是上海世纪出版集团策划的一套外向型图书，该套书以向世界介绍中国为宗旨，策划了 100 多种图书。在国务院新闻办公室、国家新闻出版总署的“中国图书对外推广计划”的支持下，有 20 多种与国外出版机构签约，合作翻译出版。其中与法国拉加代尔活力媒体集团合作出版法文版 5 种，与德国朗氏出版集团合作出版英文版 5 种。

“中国古代城市生活长卷”唐、宋、元、明、清的五卷本由湖南人民出版社出版，在国务院新闻办公室、国家新闻出版总署的“中国图书对外推广计划”的支持下，由苏州大学王宏教授主持英译，由英国帕斯出版社（Paths International，Ltd.）2013 年在全球出版发行。

“大中华文库”（以下或简称“文库”）包括了汉英对照版、多语种版和“一带一路”沿线语种版。“文库”是我国历史上首次系统地全面地向世界推出外文版中国文化典籍的国家重大出版工程，于 1994 年正式立项，实施至今近 30 年。汉英对照版共 104 种图书，213 册，包括 112 种中国古代典籍，内容涵盖哲学、历史、文学、科技和军事。由专家对选题和版本详细校勘、整理，由古文译成白话文，再从白话文译成英文。国家图书馆名誉馆长任继愈先生盛赞，它整体筹划周全、版本选择权威、英译准确传神、体例妥当完善，代表了中国的学术、出版和翻译水平，浓缩了中华五千年文明，可以向世界说明中国。2011 年 12 月 23 日，在“大中华文库”出版工程暨新闻出版走出去先进单位表彰大会上，中央领导指出，“大中华文库”是国家的重大文化出版工程，也是传承和弘扬中华优秀文化的鸿篇巨制，是社会主义文化大发展大繁荣的标志之作。

“文库”在国际重大书展上得到了海内外各界的广泛关注和高度评价。2007 年，汉韩对照版“文库”首发式在韩国首尔举办。2016 年，在莫斯科国际书展上举办了汉俄对照版《牡丹亭》的首发式。2017 年，在阿布扎比国际书展中国主宾国活动中，阿拉伯文版“文库”受到了阿拉伯国家出版者、学者、读者的广泛欢迎。2018 年，在古巴哈瓦那国际书展中国主宾国活动中，举办了“文库”西班牙文版全球首发式。“文库”以其深厚的文化内涵、优异的出版质量，已成为名副其实的国家名片。2006 年 4 月，国家主席胡锦涛访问美国，将“文库”作为国礼赠送给耶鲁大学。2009 年 1 月，国务院总理温家宝访问西班牙，向塞万提斯学院赠送了“文库”。2011 年 10 月，国务院副总理李克强访问朝鲜，向金日成综合大学赠送了“文库”。2014 年 9 月 16 日，国家主席习近平向斯里兰卡政府赠送汉英对照版“文库”图书 100 种 188 册。2015 年 5 月 22 日，国务院总理李克强出访南美四国，向哥伦比亚总统赠送了汉西对照版“文库”全套图书。

学术界一般认为，中国古代典籍的西译最早可以追溯到明末来华的传教士。迄今 400 多年的历史中，中国的一些古代典籍零散地被译成西方语言，传播到西方。19 世纪以前规模最大的翻译出版中国典籍的是理雅各的五卷本《中国经典》。“文库”是中国古代典籍西译的里程碑。

第三节　政府引导新阶段（2016 年以后）

一、基本格局

2015 年以来，我国新闻出版管理部门强化了出版“走出去”的顶层设计，表现出以下三个方面的新特点。

顶层设计优化，出版“走出去”实现整体布局。2013 年，习近平主席提出与国际社会共建“一带一路”，代表中国对外开放新时代的到来。原国家新闻出版广电总局设立了“丝路书香工程”，每年资助翻译出版约 150 种图书，是中国新闻出版业唯一进入国家“一带一路”建设的重大项目。与此同时，具有相对优势的省份及出版集团与周边国家和“一带一路”沿线国家的相关区域对接，与美国、欧洲发达国家、拉美和非洲国家相对应，实现了出版“走出去”的整体布局。

强调内容建设，设立“走出去”基础书目库。在中国经典作品对外传播与推广中把内容建设放在首位，明确提出了重点翻译出版的六个方面内容，并启动建设图书“走出去”基础书目库，这对于提高图书“走出去”的内容质量、发挥引领带动作用、加强国际传播能力建设具有重要意义。该规划把“经典中国国际出版工程”“丝路书香工程”“中外图书互译计划”“中国图书对外推广计划”等整合成“翻译出版工程”，首次提出“精编细选，定向出版，实现‘一国一策’、‘一书一策’”。2017 年，国家新闻出版广电总局进口管理司编印了《中国图书

“走出去”基础书目1》。

提倡“互利互赢、包容共进”，强调“出版本土化”。“十三五”以来，政府着力“推动各类所有制企业开拓国际出版市场，提高本土化运营能力。加快培育有国际影响力的一流跨国出版企业，支持有实力的出版集团整合国际国内出版资源，提升海外发展整体实力”。对“本土化”的强调，有助于提升中国经典作品海外传播的市场针对性。

在“十三五”以来的这几年，中国经典作品的传播与推广出现了新的局面。海外传播与推广的势头进一步加快，2017 年版权贸易逆差进一步缩小到了 1.3∶1。“丝路书香工程”的启动，极大地促进了中国经典作品对“一带一路”沿线国家的传播。“大中华文库”于 2017 年 12 月启动了“一带一路”沿线语种版翻译工作，并在“大中华文库”工作委员会组织下，策划申报了第一批 84 种图书，涉及 29 个语种，获得了新闻出版署进出口局和国家出版基金的支持。

表 1.8　2016—2020 年的版权贸易情况

年份	引进版权（项）	输出版权（项）	引进与输出比
2016	17252	11133	1.5∶1
2017	18120	13816	1.3∶1
2018	16829	12778	1.3∶1
2019	15977	14816	1.1∶1
2020	14185	13895	1.0∶1

表 1.9　2016—2020 年的出版产品实物输出情况

年份	实物进口		实物出口		贸易逆差
	数量（万册/份）	金额（万美元）	数量（万册/份）	金额（万美元）	金额（万美元）
2016	3118.99	55911.11	2181.69	11010.77	44900.34
2017	3269.16	66563.22	2178.42	10764.90	55798.32
2018	4088.02	36202.19	1696.07	7194.75	29007.44
2019	4206.50	38560.51	1472.85	6079.69	32480.82
2020	3974.18	36216.29	928.63	3262.80	32953.49
总计	18656.86	233453.32	8457.66	38312.91	195140.41

二、政策支持项目的持续发展与“一带一路”沿线出版合作拓展

（一）“丝路书香工程”2015—2021 年资助情况

“丝路书香工程”于 2014 年 12 月 5 日正式获得中宣部批准立项，于 2015 年首次启动。截至 2021 年，“丝路书香工程”重点翻译资助项目共资助项目 2246 个。

表 1.10　“丝路书香工程”2015—2021 年资助情况

年份	资助项目数量	资助语种数量	资助图书类别	资助出版机构数量
2015	242	23	9	50
2016	439	35	10	81
2017	272	36	9	70
2018	375	43	9	73
2019	286	39	9	45
2020	308	41	10	131
2021	324	40	9	130

（二）“经典中国国际出版工程”2016—2021 年资助情况

表 1.11　“经典中国国际出版工程”2016—2021 年资助情况

年份	资助 项目数	资助 语种数	资助 出版机构数	资助 图书类别
2016	126	17	66	7
2017	87	15	49	7
2018	101	16	64	7
2019	93	12	55	7
2020	107	14	70	7
2021	92	14	67	7

（三）“中国图书对外推广计划”2016—2020 年资助情况

“中国图书对外推广计划”2016 年后的立项情况目前笔者只查阅到“不忘初心，连通中国与世界——‘中国图书对外推广计划’项目十年进展情况介绍”“2020 年‘中国图书对外推广计划’立项名单”等资料。2020 年，该项目资助图书 53 种，涉及 18 种语言、35 个出版机构和 7 个图书类别。

（四）“中华学术外译项目”2016—2021 年资助情况

表 1.12　“中华学术外译项目”2016—2021 年资助情况

年份	资助项目数	资助语种数	资助图书类别	资助出版机构数
2016	130	9	19	62
2017	165	15	21	83
2018	185	12	23	93
2019	154	12	18	39
2020	196	16	19	50
2021	237	18	20	55

“十三五”以来，中国出版“走出去”和中国经典作品的传

播与推广，在传播区域、书目选择和传播方式上出现了新的发展趋势。

三、国际传播产生重要影响的图书

（一）党和国家领导人的著作

根据新华社报道，2014 年 9 月 28 日开始，国务院新闻办公室会同中央文献研究室、中国外文局编译的《习近平谈治国理政》第一卷由外文出版社以中、英、法、俄、阿、西、葡、德、日等多语种出版发行。全书 9 个语种同步编译，共 10 个品种，20 个版本。其中中文分为简体和繁体两个品种，外文有 8 个品种，每个品种又分为精装和平装两个版本。时隔 8 年，在全党全社会喜迎党的二十大胜利召开之际，《习近平谈治国理政》第四卷中、英文版，由外文出版社出版，面向海内外发行。《习近平谈治国理政》第一至三卷出版以来，在宣传党的创新理论、激扬人民奋斗实践、展示中国良好形象方面发挥了重要作用。两年多来，习近平总书记在领导党和人民应变局、开新局的伟大实践中，对关系党和国家事业发展的一系列重大理论和实践问题进行新的深邃思考和科学判断，提出一系列原创性的治国理政新理念新思想新战略，进一步科学回答了中国之问、世界之问、人民之问、时代之问。《习近平谈治国理政》一至四卷中、英文版出版发行，是中国图书国际传播的历史性大事，产生了重大的影响。据新华社 2022 年 10 月 23 日报道，《习近平谈治国理政》第四卷中、英文版在法兰克福书展上引起国际社会高度关注。研究《习近平谈治国理政》多年的德国柏林普鲁士协会名誉主席福尔克尔·恰普克说，“要想真正了解中国的发展，每个人都应该读一读这部著作”。

至此，《习近平谈治国理政》已出版 4 卷、37 个语种版本，先后在32个国家举办39场线下与线上宣介推广活动，发行覆盖全球170多个国家和地区，受到美国前国务卿基辛格、德国前总理施罗德、法国前总理拉法兰等众多国际政要、专家学者好评。

施罗德曾经在首发式上说："《习近平谈治国理政》能帮助我们理解中国政治。书中提出中华民族伟大复兴梦想的实现以及一个开放、稳定和富裕的中国，符合欧洲利益。"

（二）中国当代文学作品

这段时期中国文学作品持续走向海外，值得关注的是贾平凹和曹文轩的作品的翻译出版。

2017，贾平凹的小说《高兴》英文版由亚马逊以纸质版和电子书同步发行的方式，推介给全球183个国家的读者。他的《带灯》英文版也于同年出版发行，而《废都》英译本于2016年面世。此外，他的《古炉》《带灯》的法语版、《高兴》的意大利语版也即将出版。目前，《极花》正被翻译成德语和西班牙语，《废都》《怀念狼》正分别被翻译成阿拉伯语和瑞典语。

2016年，曹文轩获得当年度"国际安徒生奖"。截至2016年6月，曹文轩的《火印》已输出蒙古语、俄罗斯语、白俄罗斯语、塞尔维亚语等语种版权。"大王书"系列的《黄琉璃》《红纱灯》输出英语版权，《风吹到乌镇时累了》《远方》输出到印度、塞尔维亚、丹麦等国家。曹文轩作品的成功走出国门受益于"中国图书对外推广计划"等国家层面的中国图书海外推介活动。例如，2015年、2016年"丝路书香工程"重点翻译资助出版项目中入选了曹文轩在中国少年儿童新闻出版总社出版的"丁丁当当"系列的7部作品，被分别翻译成阿拉伯语、希伯来语和英语；《曹文轩文集 草房子》《羽毛》分别被立项翻译成塞尔维亚语、高棉语，这对于曹文轩作品的海外传播是一个有力的推动。

（三）介绍中国文化的图书

这段时期，介绍中国文化的图书翻译出版到国外的持续增多。其中最有影响的是“大中华文库”的多语种版和“一带一路”语种版。

“文库”多语种版于2009年策划实施，语种包括汉英之外的另外四种联合国工作语言——法语、俄语、阿拉伯语、西班牙语，再加上德语、日语、韩语；选题包括《周易》《老子》《论语》《孟子》《庄子》《孙子兵法》《水浒传》《西游记》《三国演义》《红楼梦》《诗经》《荀子》《楚辞》《史记选》《唐诗选》《唐宋文选》《西厢记》《牡丹亭》《金瓶梅》《聊斋志异》《宋词选》《元曲选》《天工开物》《儒林外史》《老残游记》等。到2019年，多语种版“文库”每种外国文字出版了25种图书，7种外国文字总共出版了175种图书。

2017年11月，“大中华文库”工作委员会召开会议，策划“文库”“一带一路”沿线语种的翻译出版工作。2018年确定了第一批选题，涉及29种语言（如缅甸语、柬埔寨语、泰语、乌尔都语、波斯语、保加利亚语、乌克兰语等），84种典籍。这个选题规划得到国家出版基金办公室的鼓励和支持，于2019年列入国家出版基金项目，截至2022年底，“文库”的“一带一路”语种版已经出版了42种图书，涉及26种语言。

第二章　中国图书国际传播的类别、语种和区域

类别、语种和区域是中国图书国际传播内容、市场的重要因素。“中国图书对外推广计划”“经典中国国际出版工程”“中外图书互译出版计划”“中国当代作品翻译工程”“中华学术外译项目”“丝路书香工程”等涉及的项目，是把握中国图书国际传播内容、市场的重要样本。透过这些重要样本，可以分析中国图书国际传播内容、市场的现状与趋势。

第一节　类别

从内容看，中国图书国际传播与推广可以分为七大板块，分别为中国主题图书、当代文学作品、哲学社会科学学术著作、自然科学著作、中国传统文化图书、少儿读物以及中国古代典籍。这种类别结构的形成有其历史原因：新中国的外宣工作从一开始就把党和国家领导人著作的对外翻译出版放在首位，同时注重中国国情、当代文学佳作、中国传统文化艺术及古代典籍的对外翻译出版。经典作品国际传播与推广的这种类别构成，在过去为国家的外宣工作服务，在今天为国家形象的塑造和中华文化的国际传播推广服务。

原国家新闻出版广电总局倡导，重点翻译出版一批深入阐释

习近平总书记系列重要讲话精神和治国理政新理念新思想新战略、新发展理念、“中国梦”、统筹推进“五位一体”总体布局和协调推进“四个全面”战略布局、当代中国发展道路和当代中国价值观念的优秀主题出版物；重点翻译出版一批展现当代中国经济社会发展现状和改革开放成就的出版物；重点翻译出版一批大力传播中华文化精髓的传统文化经典著作、通俗读物；重点翻译出版一批反映中国人审美追求，思想性、艺术性相统一，生动展现中国老百姓现实生活的当代文艺作品；重点翻译出版一批代表我国哲学社会科学和自然科学技术领域最新研究成果的出版物；重点翻译出版一批体现中外交流合作成果的图书、期刊、音像电子出版物，以及数字出版产品等精品出版物；重点翻译出版一批展示中华文化独特魅力的网络原创精品。上述重点翻译出版的七个方面，既延续了以往的做法，又根据出版技术与出版产品的变化提出了新的内容。

根据当时国家新闻出版广电总局的提法和国家政策项目资助作品的实际情况，中国图书作品可分为以下七类：一是以《习近平谈治国理政》《历史的轨迹：中国共产党为什么能?》为代表的中国主题的图书（包括展现当代中国发展成就的图书），二是以莫言、刘慈欣等作家的作品为代表的当代文学图书，三是以曹文轩作品为代表的少儿读物，四是以《中国哲学 30 年》《解读中国经济》等为代表的哲学社会科学著作，五是以《青蒿及青蒿素类药物》等为代表的自然科学著作，六是以《走进美丽的京剧》《中华饮食文化史》等为代表的中国传统文化读物，七是以“大中华文库”为代表的中国古代典籍。

“中国当代作品翻译工程”“中外图书互译出版项目”目前出版品种均较少，在以下各专项分析中不以统计图表描述。“中国当代作品翻译工程”的作品都是中国当代文学作品，不涉及其他类别。“中外图书互译出版项目”2017年计划说明，该项目图书基本上涵盖了上述中国图书的七个类别。下面按照上述七个类别的划分对“中国图书对外推广计划”“经典中国国际出版工程”“中华学术外译项目”“丝路书香工程”作品进行分类统计。

一、“中国图书对外推广计划”资助图书类别分析

由图2.1可知，2006年到2010年及2018年、2020年，获得“中国图书对外推广计划”资助的1376个项目中，“中国传统文化”“自然科学”“中国主题”“哲学社会科学”“少儿读物”“中国古代典籍”等图书类别得到了重点资助，占资助图书总数的75%。其中“中国传统文化”类图书共273种，占总数的26.0%，如《中国传统文化》《中国茶》《汉字的智慧》等。“自然科学”类图书共213种，占总数的20.3%，如《天然产物化学导论》《聚合物结构分析》《矿物材料》等。“中国主题图书”共165种，占总数的15.7%，如《中国共产党怎样解决发展问题》《中国对外开放40年》《全面深化改革二十论》等。“哲学社会科学”类图书共151种，占总数的14.4%，如《毛泽东人生之旅的哲学诠释》《学哲学，用哲学》《中国佛教哲学要义》等。“少儿读物”共139种，占总数的13.2%，如《影子人》《青铜葵花》《和树谈心》等。“中国古代典籍”共110种，占总数的10.5%，如《论语》《道德经》《宋词三百首》等。

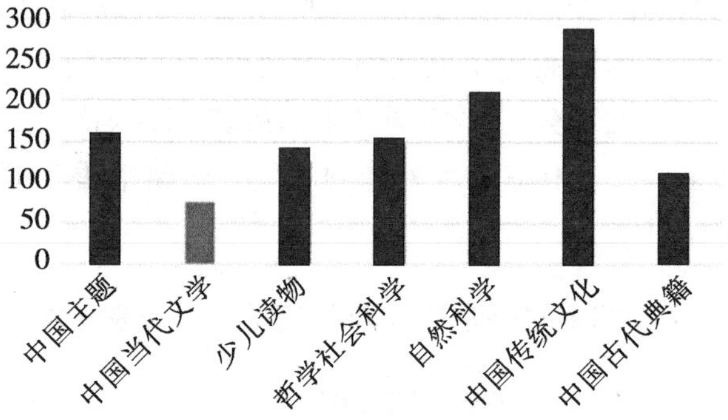

图 2.1　“中国图书对外推广计划”资助图书类别构成

（注：由于缺乏“中国图书对外推广计划”历年的完整资料，2006—2008 年资助图书种类分布情况数据根据《“中国图书对外推广计划”2006—2008 资助成果》进行统计；2009—2010 年数据根据《2009“中国图书对外推广计划”图书出版目录》及《2010 年“中国图书对外推广计划”已出版图书目录》进行统计；2011 年至 2017 年数据搜集不到，没有进行统计；2018 年数据根据《2018 年“中国图书对外推广计划”项目立项名单》进行统计。）

二、“经典中国国际出版工程”资助图书类别分析

如图 2.2 所示，2009 年至 2021 年获“经典中国国际出版工程”资助的 1637 本图书中，以《习近平谈治国理政》《历史的轨迹：中国共产党为什么能?》《习近平谈治国理政》《平易近人：习近平的语言力量》《中共十八大：中国梦与世界》《中国梦：谁的梦?》《中国梦与中国道路》等为代表的中国主题的图书（包括展现当代中国改革开放成就的图书）共 319 种，占总数的 19.49%。以莫言、刘慈欣等作家的作品为代表的当代文学图书 289 种，占总数的 17.65%，如《三体》（共 3 部）、《烟》、《解密》等。以曹文轩作品为代表的少儿读物 137 种，占总数的

8.37%，如《快乐小猪波波飞：羽毛小猪》《世界种子花——曹文轩图画书全球合作项目：帽子王》《爸爸树：大树的天堂》等。以《中国哲学30年》《解读中国经济》《当代中国哲学研究》《中华人文精神》《中国法律与中国社会》等为代表的哲学社会科学著作525种，占总数的32.07%。以《青蒿及青蒿素类药物》《雷达数据处理及应用》《云制造》《特大跨钢桁拱桥建造技术》等为代表的自然科学著作128种，占总数的7.82%。以《走进美丽的京剧》《中华饮食文化史》等为代表的中国传统文化读物190种，占总数的11.61%。中国古代典籍49种，占总数的2.99%。

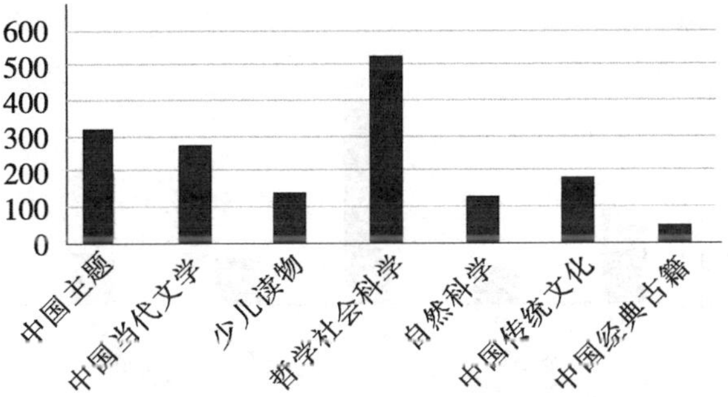

图2.2　“经典中国国际出版工程”资助图书类别构成

三、“中华学术外译项目”资助图书类别分析

从图2.3可以看到，2010年至2021年获得“中华学术外译项目”资助的1486个图书项目中，中国主题图书、中国当代文学图书、中国哲学社会科学著作、中国传统文化读物、中国古代典籍等图书类别得到了重点资助，占资助图书项目总数的75.4%。其中中国主题图书308种，占总数的20.7%，如《生

死关头：中国共产党的道路抉择》《百炼成钢——中国共产党应对重大困难与风险的历史经验》《“一带一路”关键词》《中国的和平发展道路》等。中国当代文学图书 92 种，占总数的 6.2%，如《人间词话七讲》《莫言文学思想》《〈乌布西奔妈妈〉研究》等。中国哲学社会科学著作图书 498 种，占总数的 33.5%，如《合作博弈与和谐治理——中国合和式民主研究》《中国哲学思想史》《回到马克思》等。中国传统文化图书 105 种，占总数的 7.19%，如《中国古代戏曲理论史通论》《唐诗综论》《金枝玉叶——比较神话学的中国视角》等。中国古代典籍图书 118 种，占总数的 7.9%，如《孔学古微》《庄子今注今译》《韩非子》等。

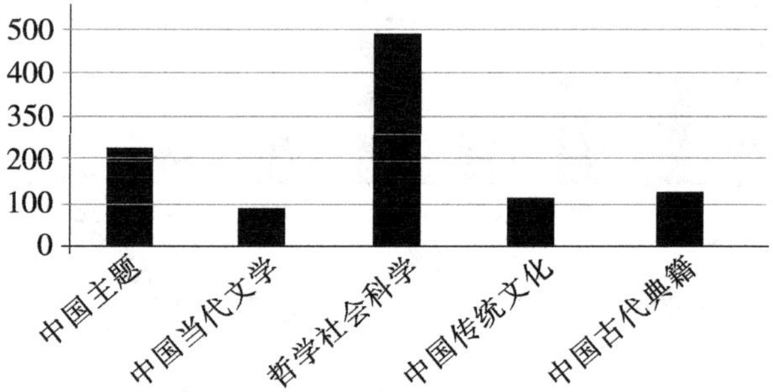

图 2.3　“中华学术外译项目”资助图书类别构成

四、“丝路书香工程”资助图书类别分析

由图 2.4 可见，2015 到 2021 年，获得“丝路书香工程”资助的 2246 个项目中，“中国主题”“中国传统文化”“哲学社会科学”“当代文学”等图书类别得到了重点资助，占总资助图书的 74.4%。其中中国主题图书 854 种，占总数的 38.0%，如《中国梦与中国道路》《中国战略与新布局》《中国共产党与当代

中国》等。中国传统文化图书 312 种，占总数的 13.9%，如《中国书法》《中国茶密码》等。哲学社会科学图书 298 种，占总数的 13.3%，如《中国哲学思想》《极简中国史》等。当代文学作品 206 种，占总数的 9.2%，如《生死疲劳》《受戒》等。

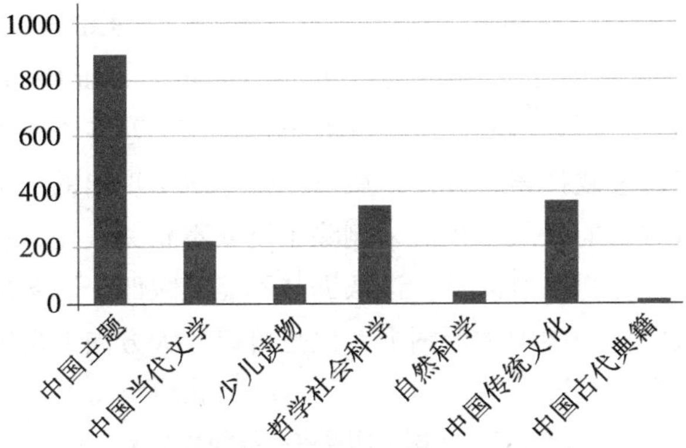

图 2.4　“丝路书香工程”资助图书类别构成

从上面的分析来看，六个国家项目都有相应的针对性，但共同的一点是中国主题图书、中国传统文化图书都占有很大的比重。这里再综合分析一下中国主题图书在全球的传播与推广情况。

由于中国主题图书深刻反映了中国近年来的政治、经济、社会发展，集中展现了国家改革开放以来的伟大成就，随着近年来国外对中国关注度的提高，中国主题图书契合了国际关切，在国外具有很大的市场，海外读者群在逐渐扩大。中国主题图书线上销售的数量不多，但是其销售数据同样直观反映了中国主题图书的推广力度与传播效果。通过海外最大的图书网络销售平台美国亚马逊网站的销售情况调查，可以了解中国主题图书在海外的传播发展趋势。

亚马逊网站对在售图书的分类比较粗略，加之外文书名目录这部分资料欠缺，为了精准定位中国主题图书，我们首先根据已知的外文书名进行精准检索，其次利用“中国共产党”“Communist Party of China”“中国道路与中国梦”“the Chinese Path and the Chinese Dream”“中国的政治经济”“China’s politics and economy”“中国特色社会主义”“Socialism with Chinese characteristics”“一带一路”“the Belt and Road”等多个中英文关键词进行多次重复搜索，并以出版日期排序所呈现出的图书信息得出初步数据，通过人工校对来删除重复或不相关数据，可以得到最终数据。值得注意的是，该数据并不能反映四个国家项目所有已经出版发行的中国主题图书，但是可以从大方向上反映该类图书的国际发行情况。

表2.1　中国主题图书在线销售情况

语种	销量（册）
英语	2951
韩语	115
日语	103
法语	97
西班牙语	58
阿拉伯语	34
葡萄牙语	29
意大利语	17

检索得到的中国主题图书销量总数为3404册，海外出版销售量最多的还是英文，为2951册，占总数的86.70%。其次是韩语和日语，分别占总数的3.38%和3.02%。从亚马逊检索结果来看，能够吸引读者进行评论反馈的反映中国政治经济发展变

化方面的图书多为外籍政治经济领域专家所著，从读者的反馈情况来看，这些作品成功地引起了读者对中国的关注与兴趣。与之相对的是有相当一部分中国主题图书出现无任何评论或者评论较少的情况，抛开亚马逊网站总体评价率低这个客观因素外，应当看到，这部分图书由于过于艰深，理论性太强，不够契合普通读者的阅读层次与阅读需求，难以引起外国受众的关注与兴趣。这类中国主题图书无法与读者进行有效的信息交换，尚未达到理想的出版预期与传播效果。

第二节　语种

从语种看，英语无疑在全球使用量最大，是中国图书国际传播的第一语种。此外，联合国其他官方语种也具有一定的优势，在中国图书国际传播中的地位和价值较为突出。随着“一带一路”倡议的实施推进，“一带一路”沿线国家的语种在中国图书国际传播中得到越来越多关注。与此逻辑一致或有重叠的是周边国家、发展中国家的语种，根据全球伙伴关系体系构建和友好合作推进，中国图书国际传播与这些国家的语种结合，显现出越来越大的发展空间和越来越好的发展前景。

“中国图书对外推广计划”“经典中国国际出版工程”“中华学术外译项目”“丝路书香工程”等，充分体现中国图书国际传播的国家意志，从语种角度分析它们，可以看出中国图书国际传播的语种现状和趋势。

一、“中国图书对外推广计划”资助图书语种分析

获得“中国图书对外推广计划”资助的图书中，以英文、韩文、日文、法文、俄文等居多。其中，资助英文图书 1523 种，约占总数的 47%；韩文图书 303 种，约占总数的 9.3%；日文图书 250 种，约占总数的 7.7%；法文图书 227 种，约占总数的 7%；俄文图书 164 种，约占总数的 5%。除英文等语种占比较大的图书外，还有一定的小语种图书对外推广。

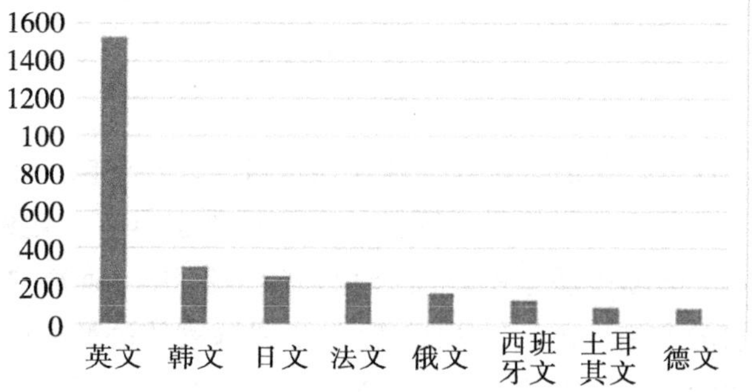

图 2.5 “中国图书对外推广计划”资助语种前 8

二、“经典中国国际出版工程”资助图书语种的分布情况

根据“经典中国国际出版工程”资助的外译语种排行榜，获得资助的 47 个语种的图书中，总体上侧重于英语，中国图书对外翻译出版的主要市场仍然是发达国家。但阿拉伯语、土耳其语、西班牙语等小语种也逐渐开始受到重视。其中英文图书共资助 377 种，占总数的 28%；日文图书共资助 112 种，占总数的 8%；法文图书共资助 101 种，占总数的 7.5%；韩文图书共资助 54 种，占总数的 4%；朝鲜文图书共资助 50 种，占总数的

3.7%；德文图书共资助35种，占总数的5.3%；阿拉伯文图书共资助33种，占总数的3.3%；土耳其文图书共资助30种，占总数的2.2%；俄文图书共资助31种，占总数的2%；西班牙文图书共资助19种，占总数的1.4%。

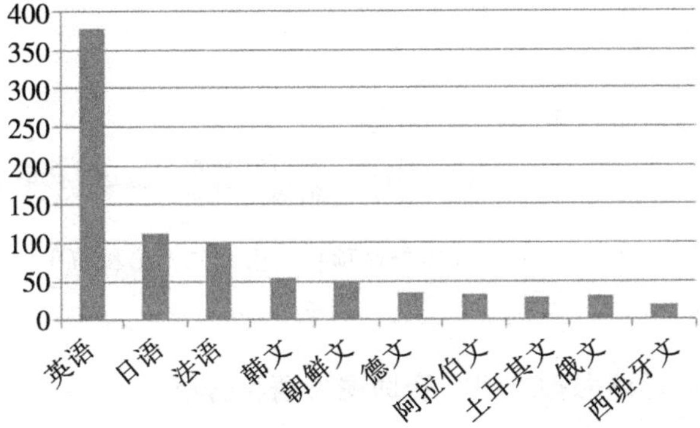

图2.6　“经典中国国际出版工程”资助图书语种前10

三、“中华学术外译项目”资助图书语种分析

“中华学术外译项目”设立初期，其出版的语种主要为英语。随着国家对图书对外翻译出版支持力度的不断增强，以及该政策项目的影响力不断扩大，资助的语种也在不断丰富。该项目通过多语种图书的翻译出版与推广，让中华学术走出去，让国际认识中国、了解中国，提升中国的国际影响力。

2010—2018年“中华学术外译项目”资助的899个图书项目中，英语版图书项目526种，占比62.4%。其他语种分别为韩语、俄语、日语、阿拉伯语、西班牙语、法语、德语。

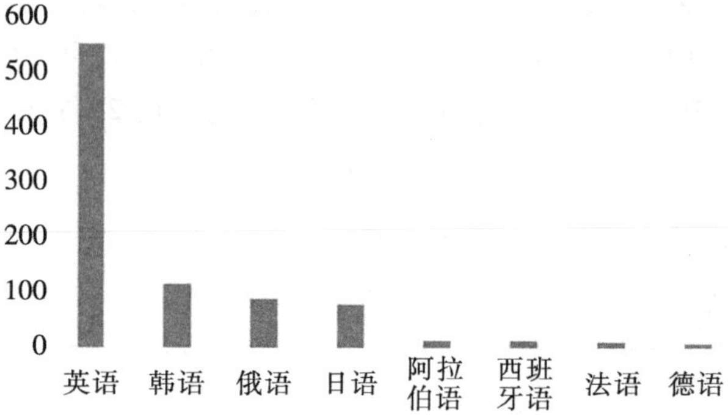

图 2.7 “中华学术外译项目”资助图书语种前 8

四、“丝路书香工程”资助图书语种分析

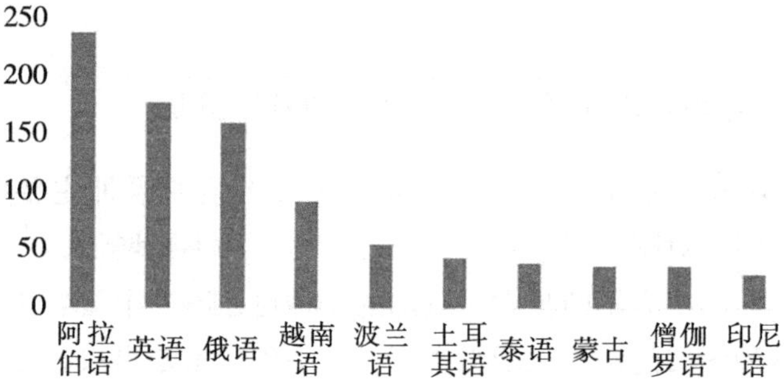

图 2.8 “丝路书香工程”资助图书语种前 10

“丝路书香工程”出版语种主要为阿拉伯语，其次是英语和俄语。2015 到 2018 年，“丝路书香工程”资助的 1328 个项目中，阿拉伯语版图书项目 239 种，占比 18%。该项目对越南、泰国等周边国家保持着较为稳定的输出状态。随着该项目的推

进，越来越多的语种译本被纳入资助范围。

第三节 区域

对中国图书国际传播进行区域研究，最简单的办法就是按照地理版图分为亚洲、欧洲、美洲、非洲和大洋洲，但这种划分对于研究的深入和促进经典作品的传播推广没有太大的帮助。从中国与各地区文化交流的特性以及文化影响力着眼，可以把全球分为四个区域，分别是美国，西方其他发达国家，中国周边国家和“一带一路”沿线国家，非洲、南美洲国家。美国是当今世界上唯一的超级强国，在科技与文化创新中处于领先地位，其文化具有很强的辐射力，是我们学习和追赶的对象，在中美文化交流中促进中国图书在美国的传播具有标志性的意义。西方其他发达国家是指美国、日本以外的欧美发达国家，这些国家也是我们长期以来学习和追赶的对象，其文化也具有很强的影响力，我们要在与这些国家的文化交流中促进中国图书的传播。中国周边国家和“一带一路”沿线国家在地理上与我国接壤或者处于“一带一路”沿线，与我国有过悠久的文化交流的历史，某些周边国家历史上受我国文化影响较深，其中日本、韩国、俄罗斯具有较强的文化影响力，随着我国与相关国家共建“一带一路”的展开，我国与这些国家的文化交流更显重要，促进中国图书在这些国家的传播具有特殊的意义。非洲、南美洲国家与我国地理上相隔较远，历史上文化交流相对较少，文化影响力相对较弱，但仍然是我们要重视的文化交流对象，尤其是非洲国家与我国经贸交流很深，经济发展互补性强，要以长远眼光规划与这些国家和地区的文化交流，有针对性地推动中国图书在这些国家和地区的传播。

中国图书国际传播与推广的区域研究非常重要，目前却很难深入，主要原因是缺乏相关资料。六个国家项目资助图书的公开资料中很少有出版发行的国别记录。语种、出版机构与传播推广的国家、地区紧密相关，但并不完全一致。

一、从“走出去工程”看中国图书国际传播的区域

“中国图书对外推广计划”的资助项目主要传播区域为美国等西方发达国家，其中美国、法国、英国等国家是该计划资助出版的重点。该政策项目起源于2004年中法文化年。当年3月中国作为主宾国参加了第24届法国图书沙龙，由国务院新闻办公室提供资助，法国出版机构翻译出版的70种法文版中国图书，在沙龙上展出并销售，受到法国公众的热烈欢迎。短短6天中，展出的中国图书约有三分之一售出。这是法国出版机构首次大规模地翻译出版中国图书，并进入主流销售渠道。该政策项目对发达国家以外地区的出版虽然有一定资助，但是占比相对来说较低。

“经典中国国际出版工程”的资助项目比较均衡。虽然该政策项目资助图书在西方发达国家出版推广较多，但对亚洲周边地区和“一带一路”沿线国家也有不少资助。“经典中国国际出版工程”资助最多的是美国、英国和法国等国家，其次是日本、韩国等亚洲国家。近年来，随着中国与阿拉伯国家经济合作领域的拓宽，中阿关系的不断发展，阿拉伯国家也成为我国重要的出版产品输出国。此外，“经典中国国际出版工程”资助项目中有不少俄语和西班牙语图书，这对中国图书在俄国和西班牙语地区的传播与推广促进很大。

“中华学术外译项目”的资助图书主要传播区域也是美国等西方国家，表现出文化交流能力对学术图书传播推广的影响。中华学术外译图书在美国传播较多，标志着中美学术交流的增多。

“中华学术外译项目”在发达国家以外的区域资助项目较少。

“丝路书香工程”的启动在中国图书国际传播推广区域上有着重要意义，它逐渐改变了西方独大的局面。2015—2018 年，“丝路书香工程”资助 1328 种图书出版，传播区域全部是“一带一路”沿线国家和中国周边国家，极大地均衡了中国图书在全球的传播与推广。

从美国，西方其他发达国家，中国周边国家和“一带一路”沿线国家，非洲、南美洲国家这四个区域来看，中国图书对美国等发达国家的传播推广比较多，对中国周边国家和“一带一路”沿线国家的传播推广在迅速发展，目前比较薄弱的是非洲、南美洲国家的传播与推广。

二、中国图书国际传播的区域案例分析

通过对单品图书的传播与推广的区域进行分析，可以窥一斑而见全豹，使我们对国家项目推动中国图书在全球传播的作用有所了解。下面是诺贝尔文学奖获得者莫言作品在全球及“一带一路”沿线国家传播情况的分析。

莫言的作品在许多国家和地区被译介，2012 年莫言获得诺贝尔文学奖后，译介速度加快。在国家政策的扶持下，莫言作品的覆盖面更加广泛，语言种类逐年增多。据全球图书馆收藏数据 OCLC，即联机计算机图书馆中心（覆盖全球 112 个国家和地区、470 多种语言、23815 家图书馆）统计及其他研究成果统计，截至目前，莫言小说在海外的出版发行已达到 150 多种，涉及 41 个语种。下表是“中外图书互译出版项目”与“丝路书香出版工程”对莫言作品翻译出版的资助情况。

表 2.2　莫言小说受项目资助出版情况

时间	作品名	出版社	语种	资助项目
2013 年	《酒国》	Amfora 出版社	俄文	中俄互译出版项目
2013 年	《丰乳肥臀》	Amfora 出版社	俄文	中俄互译出版项目
2014 年	《生死疲劳》	Amfora 出版社	俄文	中俄互译出版项目
2018 年	《红高粱家族》	Tekst 出版社	俄文	中俄互译出版项目
2016 年	《红高粱家族》	奥努弗里（Onufri）出版社	阿拉伯文	中阿典籍互译出版项目
2016 年	《红高粱》	民族出版社	哈萨克斯坦文	丝路书香工程
2018 年	《生死疲劳》	中国图书进出口（集团）总公司	蒙古文	丝路书香工程
2018 年	《生死疲劳》	中国图书进出口（集团）总公司	哈萨克斯坦文	丝路书香工程

2013 年，中国与俄罗斯签署了《中俄经典与现当代文学作品互译出版项目合作备忘录》，双方约定 6 年相互翻译并出版对方国家不少于 50 部文学作品，或双方共出版不少于 100 部图书，两国政府主管部门将提供作家版税补贴、翻译和出版补贴。2013 年，莫言的《丰乳肥臀》由毕业于圣彼得堡大学东方系中国文学专业的自由翻译家叶果夫（Игорь Александрович Егоров）翻译，安芙兰（Amfora）出版社出版；叶果夫除翻译了莫言的《酒国》（2012 年）、《丰乳肥臀》（2013 年）、《生死疲劳》（2014 年）外，还翻译了茅盾的《真正的中国人》，苏童的《我的帝王生涯》《妻妾成群》《仪式的完成》，余华的《阑尾》，毕飞宇的《玉米》，欧阳黔森的《白多黑少》《断河》，张悦然的《红鞋》，盛可以的《人面狮身》等作品。

亚马逊平台俄语版《丰乳肥臀》与《酒国》，售价分别为18.90美元与18.60美元，商品首页对作品内容进行了简要说明，亚马逊平台上还有对作品《丰乳肥臀》一段评价：

Большая грудь, широкий зад являет собой грандиозное летописание китайской истории двадцатого века. При всем ужасе и натурализме происходящего это яркая, изящная фреска, все персонажи которой имеют символическое значение. История, которую переживает народ, отличается от официальной истории. А литература не история, это художественный способ объяснить какие – то вещи.

《丰乳肥臀》是二十世纪中国历史的宏大编年史。考虑到正在发生的一切恐怖和自然主义，这是一幅明亮且优雅的壁画，其所有人物都具有象征意义。人们所经历的故事与官方故事不同。文学不是历史，它是一种解释某些事物的艺术方式。

俄罗斯第一大在线分类信息网站Avito（avito.ru）于2007年推出，是俄罗斯访问量最高的网站之一。以“Мо Янь”为关键词，搜索到莫言的“Страна вина”《酒国》与“Большая грудь, широкий зад”《丰乳肥臀》，该商品属于“诺贝尔文学奖”系列，这两本精装书售价分别为500卢布与400卢布，商品首页对莫言的评论是：

Творчество выдающегося китайского писателя современности Мо Яня получило признание во всем мире, и в 2012 году он стал лауреатом Нобелевской премии по литературе. Это несомненно один из самых креативных и наиболее плодовитых китайских писателей, секрет успеха которого в претворении грубого и земного в нечто утонченное, позволяющее испытать истинный восторг по прочтении его произведений.

Мо Янь настолько китайский писатель, настолько воплощает в своем творчестве традиции классического китайского романа и при этом настолько умело, талантливо и органично сочетает это с современными тенденциями мировой литературы, что в результате мир получил уникального романиста – уникального и в том, что касается выбора тем, и в манере претворения авторского замысла. Мо Янь мастерски владеет различными формами повествования, наполняя их оригинальной образностью и вплетая в них пласты мифологичности, китайского фольклора, мистики с добавлением гротеска.

中国当代杰出作家莫言的作品获得了世界范围的认可，并于2012年获得诺贝尔文学奖。毫无疑问，这是中国最具创造力和最多产的作家之一，其成功的秘诀就是将粗鲁和尘世化为微妙的事物，让您在阅读他的作品后感受到真正的喜悦。

莫言是一位中国作家，因此在他的作品中体现了中国古典小说的传统，同时又巧妙地用才华横溢的文字有机地将其与世界文学的现代趋势相结合，从而使世界获得了一位独特的小说家——在主题选择方面是独一无二的。莫言善于讲各种故事，故事中充满了原始的意象，并编织了神话，中国民间传说，神秘主义以及其他形式的元素。

根据《人民日报》报道，《丰乳肥臀》入选了俄罗斯2013年5部最有趣味的作品之一，从2013年初以来一直是俄罗斯图书市场的畅销书。由此我们也可以看出，莫言在被越来越多的俄罗斯人熟知，其作品在俄罗斯的影响力不断扩大。

2015 年中俄签署了《中俄经典与现当代文学作品互译出版项目合作备忘录补充议定书》，将互译出版对方国家的书目增至 100 部。2018 年，由娜塔莉娅（перевод с китайского）、符拉索娃（Наталии Власовой）译介的《红高粱家族》由 Tekst 出版社出版。

“丝路书香工程”和“中外图书互译计划”推动了莫言作品在“一带一路”沿线国家的传播。2014 年，该项目重点推动与沙特阿拉伯、科威特、哈萨克斯坦、蒙古国、斯里兰卡、摩洛哥等 6 个国家建立双方经典作品和优秀当代图书互译机制。此后，从 2015 年至 2019 年，莫言作品被译介到上述国家，有《红高粱》和《生死疲劳》两种作品，语种涉及哈萨克斯坦语和蒙古语。2019 年，为庆祝中华人民共和国成立 70 周年暨中蒙建交 70 周年，蒙古著名翻译家其米德策耶将莫言的短篇小说《父亲的画像》译成蒙语，在 www. baabar. mn、www. mongolcom. mn、www. sonin. mn 等蒙古国多家重要网站刊载。

《历史的轨迹：中国共产党为什么能?》可以作为中国图书国际传播区域分析的另一个案例。该书作为中国主题图书“走出去”的典范，其英文版由英国新经典出版社引进新世界出版社版权出版。作为新经典运作最成功的一本书，《历史的轨迹：中国共产党为什么能?》在国外实现了 12 个语种文版出版，英文版在全球销量已超过 8000 册。作为该集团向世界说明中国和中国共产党的一次崭新尝试，该书在写作思路和手法上摆脱了以往中国主题图书太过艰深的写作方式，本着“以故事讲思想”的独特视角和创作理念，将党史研究成果融入故事和图片之中，内容生动通俗，讲述契合国际关切，书中还大量引用国内外名人及媒体，特别是西方学术界和媒体的观点、评论，引起国外读者的阅读兴趣。通过《历史的轨迹：中国共产党为什么能?》这本书，世界可以听到来自中国的主流声音。

在营销上，英国新经典出版社依托国外的书展平台。在第63届法兰克福国际书展期间，《历史的轨迹：中国共产党为什么能?》英文版首发式在中国馆举行，吸引了来自世界各地出版商和读者的高度关注。中外嘉宾、出版界名流及新闻媒体出席了首发式，吸引了大量前来洽谈出版合作的世界各国客户，当日该书成为展区热议的话题和亮点。德国汉学家、民族学家南因果在接受记者采访时则说，这本书对西方读者来说非常具有阅读价值且通俗易懂，同时对西方民众认识中国也具有启发意义。

在法兰克福书展上成功地举办了《历史的轨迹：中国共产党为什么能?》英文版首发式之后，英国新经典出版社另辟蹊径，在马克思的故乡推广中国。这一系列推广活动包括在特里尔市马克思故居纪念馆、特里尔市图书馆及孔子学院举办“马克思故乡文化之旅”交流活动并向马克思故居纪念馆赠送了《历史的轨迹：中国共产党为什么能?》等15种图书共20余册。在马克思的故乡推广中国这个推广方案的实施让该书的海外传播更加深入人心，使国外民众更加了解中国当今的发展现状。除了《历史的轨迹：中国共产党为什么能?》，英国新经典的本土化经营推动了一大批中国主题图书进入西方主流图书市场，例如《关注中国》《中国梦》《文化复兴》等外文版中国主题图书已经成为海外政、商、学等各界人士了解和研究中国的重要读物。

近年来，西方部分人群对中国的发展视而不见，甚至抱有敌视态度，这让中国主题图书的海外发行一定程度上受到阻碍，但是中国主题图书面对的市场空间是巨大的，中国主题图书海外出版发行面临的难点不是没有读者，而是如何打通主流渠道，将中国主题图书推到主流阶层中去。在推广渠道建设方面，近年来中国实力雄厚的出版社依托国家的政策支持，利用自身各方面的优势，有了一些新的开拓。例如五洲传播出版社的“中国书架”（THAT'S CHINA）项目通过在世界各重点城市受关注的书店内设立专门展销中国主题图书的书架，来为世界各国的读者提供认识中国的窗口。目前，“中国书架”已经遍及五大洲十多个国家。

第三章　中国图书国际传播的译者与出版机构

第一节　译者

为了清楚地了解翻译中国图书的译者基本结构，本书以2018年“丝路书香工程”结项的90本书、“经典中国国际出版工程”结项的188本书的数据为依据，采取质性和量性相结合的分析方法统计分析译者情况，包括：中外译者的比率、中外译者合作的情况、国外译者国籍分布情况、国内译者的身份情况。翻译中国图书的译者数量众多，作为案例研究，本书分国内译者和国外译者两部分介绍一些较有影响力的译者。

一、中国图书国际传播译者的结构分析

通过文献查阅2018年“丝路书香工程”“经典中国国际出版工程”结项数据统计表里面的所有译者的家庭背景、教育经历、工作概况、出版的著作等信息，对译者情况进行统计分析。

（一）国内外译者比例以及中外译者合译情况

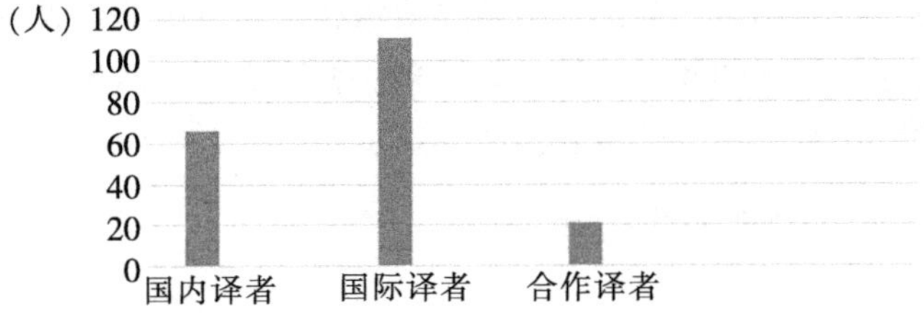

图 3.1　译者数量统计

从图 3.1 可知，本次共调查了 177 位译者，其中国外译者占有很大比例，共 111 位，国内译者 66 位，国外译者与国内译者的比例为 1.68∶1。另外在国外译者与国内译者中，又夹杂 21 个中外合作译者。该结果显示了，国外译者与国内译者分布不平衡，中外合作翻译的数量偏低，国家应当进一步加强国内译者的培养，进一步鼓励中外译者的合作。

（二）国外译者的国籍分布情况统计

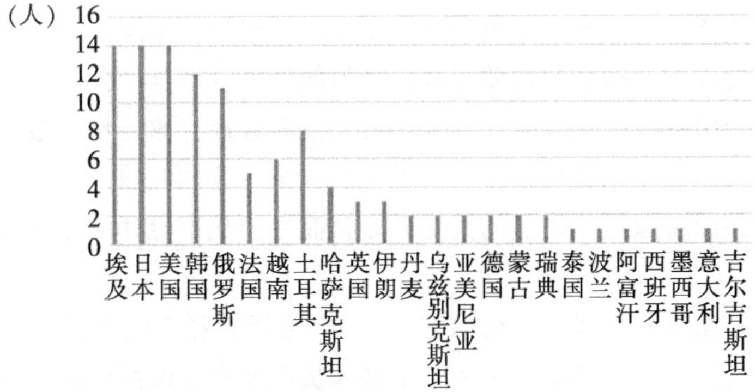

图 3.2　国际译者的国籍分布情况统计

从图 3. 2 可知，国际译者总量排行前三位的是埃及、日本和美国，韩国、俄罗斯、越南、土耳其和法国这些国家稍低于总量排行前三位的国家，英国、哈萨克斯坦和伊朗等国的译者数量偏少并且这些国家的译者数量都差不多。相比之下，西班牙、阿富汗、波兰这些国家的译者数量明显更少。

（三）国内译者身份情况统计

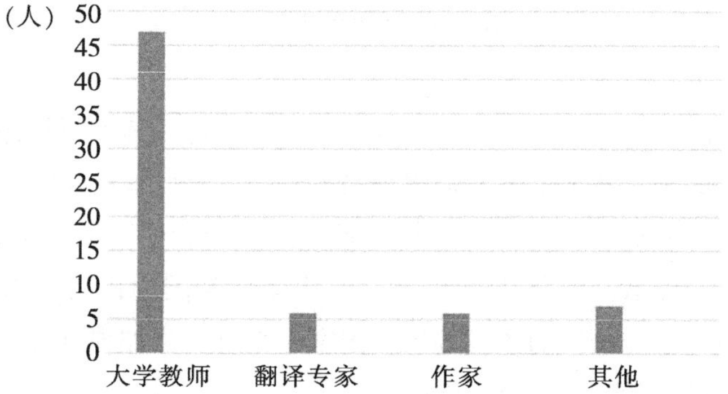

图 3. 3　国内译者身份情况统计

从图 3. 3 可知，国内译者大多为大学教师，翻译专家和作家的数量较少，两者数量差不多，其他的译者包括某个公司的经理或某个出版社的主编等，其他译者大概和翻译专家、作家数量持平。国内译者的身份分布极其不平衡，某一专业领域的大学教师参与翻译中国经典作品的情况居多，而专门从事翻译的专家数量则较少。

下面分析翻译中国图书的 10 位中国译者和 10 位外国译者。可以看到，这些译者大多为学术型人员而非专业型翻译家，多为大学教师，并且与各类出版社有着广泛、密切的合作。10 位外国译者在翻译时多选择与中国相关的小说、诗歌、专业典籍等图书，涵盖文学、经济、政治、地理、科技等方面的内容。从中可以看出中国的图书国际传播的影响不断加大，反映出中国国力的提升。相关国家对中国正在产生越来越浓厚的兴趣。

然而，翻译中国图书的译者中，中国译者占了大多数，中外译者合作的作品偏少，这说明了中国需要更进一步加强与其他国家的合作，进一步资助国外译者和国外出版社，推进中国文化的海外传播。在译者的语种结构上，小语种的译者数量偏少，来自北欧及南美等地的译者数量尤其少。因此，中国图书的国际传播与推广需要兼顾区域均衡。

二、有影响的国内译者

（一）杨宪益、戴乃迭

杨宪益（1915—2009），著名的翻译家、外国文学研究专家，外文出版社专家；戴乃迭（1919—1999），著名的翻译家、英国的中国研究会终身会员，中国文学出版社英籍资深专家。他们是在国际译界享有崇高声誉的中英合璧的译者夫妻。新中国成立后，双双就职于外文出版局，主持外文版《中国文学》和“熊猫丛书”，并合作翻译出版了《离骚》《屈原》《楚辞》《史记选》《长生殿》《儒林外史》《鲁迅选集》《白毛女》《太阳照在桑干河上》《暴风骤雨》《红楼梦》等百余部中国文学作品。他们翻译的典籍有 9 部收入汉英对照“大中华文库”，是入选“文库”译作最多的译者，除《史记选》外，还有《红楼梦》《儒林外史》《长生殿》《关汉卿杂剧选》《汉魏六朝小说选》《宋明评话选》《唐代传奇选》《中国古代寓言选》。

（二）爱泼斯坦

伊斯雷尔·爱泼斯坦（1915—2005），又名艾培。1915 年 4

月 20 日出生于波兰华沙，1917 年随父母来到中国，1933 年开始为中国革命工作，1951 年，爱泼斯坦应宋庆龄之邀，回到中国参与杂志《中国建设》（后改名为《今日中国》）的创刊工作，他在 70 岁以前都是《今日中国》的总编辑，参与《邓小平文集》英译定稿。1957 年加入中国籍，1964 年加入中国共产党。

（三）许渊冲

许渊冲（1921—2021），著名翻译家，被誉为“诗译英法唯一人”。据彭发胜考证，许渊冲在世界上译诗最多，也是中国古诗英译成就最高的译者之一，有 7 部译著入选汉英对照“大中华文库”：《唐诗三百首》《李白诗选》《宋词三百首》《苏轼诗》《元曲三百首》《新编千家诗》《西厢记》。许渊冲一生笔耕不辍，诗译英法，2010 年获“中国翻译文化终身成就奖”，2014 年获“北极光”杰出文学翻译奖。许先生倡导并实践“三美（音美、形美、意美）”“三化（等化、浅化、深化）”“三之（知之、好之、乐之）”的文学翻译理论。

（四）汪榕培

汪榕培（1942—2017），著名典籍翻译家、翻译理论家，曾任中外语言文化比较学会副会长、中国英汉语比较研究会典籍英译专业委员会首任会长。一生译著辉煌，其中 8 部译著入选汉英对照“大中华文库”：《墨子》《庄子》《诗经》《汉魏六朝诗三百首》《陶渊明集》《牡丹亭》《紫钗记》《邯郸记》。

（五）王宏

王宏，中国英汉语比较研究会典籍英译专业委员会副会长，苏州大学典籍英译首席专家，曾任苏州大学外国语学院翻译研究所所长。承担了 5 种汉英对照“大中华文库”的典籍英译，除《墨子》之外，还有《山海经》《国语》《梦溪笔谈》《明清小品文》。

（六）翟江月

翟江月，鲁东大学文学院二级教授，山东大学国际汉学中心兼职教授。1999 年获得山东大学古代文学专业博士学位，精通德语、英语，多年来一直参与汉英对照“大中华文库”的翻译工作，承担了“文库”中《管子》《吕氏春秋》《淮南子》《战国策》等 4 种典籍的英译。

（七）黄友义

黄友义，译审，中国翻译协会常务副会长，“大中华文库”工作委员会副主任兼副总编辑，曾任国家外文局副局长兼总编辑、国际译联副主席。他长期从事对外翻译出版工作。他主持了中美合作大型丛书“中华文化与文明”；参与过《中华人民共和国宪法》英文翻译；翻译过《聊斋志异》；参与过《习近平谈治国理政》第一卷、第二卷、第三卷、第四卷的英译审定；出版有著作《从翻译世界到翻译中国》等。

（八）罗希文

罗希文（1945—2012），著名中医典籍研究与英译专家，中国社会科学院哲学研究所研究员，国家社科基金重大项目“中医典籍研究与英译工程”首席专家。他数十年间致力于中医典籍的研究与翻译，迄今已完成中医典籍的代表作《黄帝内经》《金匮要略》《伤寒论》《千金方》《本草纲目》等的英译工作，总字数超过了 2000 万。

（九）谢百魁

谢百魁，著名翻译家，长期从事文学翻译工作，成果丰硕。湖南长沙人，1953 年毕业于北京大学，云南大学外语系英语专业教授。翻译出版了查尔斯·里德、歌德、瓦尔特·司各特、雨果等人的作品，汉译英作品有《中国历代散文一百篇》《中国历代短简一百篇》《中国历代散文选》《中国历代名人书信选》《英法双译唐诗 100 首》等。他译的散文收入“文库”版《汉魏六朝文选》《唐宋文选》《明清文选》，是上述三部文选主要译者之一。2001 年荣获中国译协颁发的“资深翻译家荣誉证书”。

（十）李正栓

李正栓，中国翻译协会常务理事、中国英语诗歌研究会副会长，河北师范大学翻译学科带头人、教授、博士生导师。在中国典籍英译和中英诗歌互译及其研究领域具有广泛影响。代表性译著有《汉英对照乐府诗选》《汉英对照仓央嘉措诗集》（《毛泽东诗词精选汉英对照读本》等。

二、有影响的国外译者

（一）葛浩文

葛浩文（Howard Goldblatt），美国著名的汉学家，是2012 年诺贝尔文学奖得主莫言作品的英文译者。他出生于 1939 年，20 世纪 60 年代服役期间在台湾学习汉语，后获得印第安纳大学中国文学博士学位。他一共翻译了 30 多个中文作家的 60 多部作品，是有史以来翻译中文小说最多的翻译家。他译的莫言作品有《红高粱》《天堂蒜薹之歌》《酒国》《四十一炮》《丰乳肥臀》《生死疲劳》《檀香刑》《变》《蛙》《透明的红萝卜》等。除了莫言的作品，还翻译过萧红的《呼兰河传》《生死场》、端木蕻良的《呰鹭湖的忧郁：短篇小说集》、杨绛的《干校六记》、苏童的《我的帝王生涯》《碧奴》、王朔的《玩的就是心跳》、刘震云的《我叫刘跃进》、冯骥才的《三寸金莲》、巴金的《第四病室》、老舍的《骆驼祥子》、贾平凹的《浮躁》《废都》、张炜的《古船》、张洁的《沉重的翅膀》等。获得第四届中华图书特殊贡献奖。

（二）李治华

李治华，法籍华裔翻译家。1915 年出生于北京，20 世纪 30 年代后期赴法深造，毕业于里昂中法大学，1992 年入法国籍。旅居里昂近七十年，从事汉语教学之余，对译介传播中国文学情有独钟。与法籍妻子雅歌志同道合，历时二十七年，倾力完成法译巨著《红楼梦》，此外还翻译过鲁迅、巴金、老舍、艾青、姚雪垠等现代文学名家的作品。获首届中华图书特殊贡献奖。

（三）谢尔盖·阿尔卡基耶维奇·托罗普采夫

谢尔盖·阿尔卡基耶维奇·托罗普采夫是俄罗斯科学院远东研究所资深研究员、李白专家，汉语名谢公。谢尔盖·阿尔卡基耶维奇·托罗普采夫翻译出版了《李白诗 500 首》，撰写出版了《书说太白》《李白古风》《李白内心之风景——山水诗》《楚狂人李白》《李白传》等五本介绍研究李白的著作。获第二届中华图书特殊贡献奖。

（四）帕特里齐亚·里贝拉蒂

帕特里齐亚·里贝拉蒂（Patrizia Liberati）中文名李莎，是意大利驻华使馆文化处文学出版项目负责人。1990 年，李莎从伦敦大学亚非学院中文系本科毕业来到中国，在欧共体与中国企业家协会合作的 MBA 项目中担任培训负责人；随后李莎任意大利驻华使馆科技参赞私人秘书，同时到使馆文化处帮忙；1995 年，她正式进入使馆文化处工作；现任意大利驻华使馆文化处文学出版项目负责人。除了组织和参与中、意文学交流等使馆日常工作之外，李莎最重要的身份就是译者，翻译了莫言、刘震云、贾平凹等中国作家的小说以及中国的话剧作品。从 2014 年开始负责《人民文学》杂志意大利文版《汉字》的选稿和翻译工作。

（五）安博兰

安博兰（Genevieve Imbot - Bichet）是法国翻译家、出版家，翻译了《废都》《古炉》《霸王别姬》等文学作品。1994 年，安博兰创办了自己的出版社——“蓝色中国”（Bleude Chine）。安博兰的出版社专门出版中国小说，已经累计翻译出版了 80 余部中国文学作品。2005 年，安博兰获得第一届中华图书特殊贡献奖。

（六）陈国坚

陈国坚，西班牙籍华裔翻译家。1938 年出生于越南西贡堤岸一个华侨家庭，1948 年底回国，先后在肇庆、广州读小学。1957 年在广州华南师范学院附中毕业后，考进北京对外贸易学院，1991 年出国定居。他翻译出版了《白居易诗选》《中国诗歌的黄金时代——唐代诗选》《李白诗选》《美人如花隔云端》《中国古典诗词》《西汉对照书画中国诗词》《中国爱情诗歌精华》《中国诗词必读》等作品。2009 年 9 月获得中国政府颁发的中华图书特殊贡献奖，2012 年被广东外语外贸大学聘为客座教授。

（七）陈安娜

陈安娜，原名安娜·古斯塔夫森，因嫁给中国的翻译家万之（原名陈迈平），随夫取了中国姓氏“陈”。她是瑞典翻译家，马悦然的学生，是 2012 年诺贝尔文学奖获得者莫言作品的瑞典文译者。陈安娜从事翻译现代中文作品 20 多年，译了近 20 部中文小说，其中除了莫言的《红高粱》《天堂蒜薹之歌》《生死疲劳》之外，还有余华的《活着》，苏童的《妻妾成群》，韩少功的《马桥词典》等。获第七届中华图书特殊贡献奖。

（八）穆赫辛·法尔加尼

穆赫辛·法尔加尼是埃及艾因夏姆斯大学教授，翻译家。他1977年进入艾大语言学院学习汉语，毕业后留校任教。1993年开始，穆赫森在《文学消息》杂志上开始刊登一些中国文学作品，如鲁迅的《孔乙己》《狂人日记》等；1995年开始试着借助白话文理解和翻译《论语》《道德经》《中庸》等先秦文学经典，并在《文学消息》上连载。他坚持不懈，先后翻译出版了《大学》《孟子》《孙膑兵法》《战国策》等一系列中国典籍。莫言获诺贝尔文学奖后，穆赫森开始着手翻译莫言的作品。获得第七届中华图书特殊贡献奖，并得到习近平主席接见。

（九）文树德

文树德（Paul Ulrich Unschuld）是德国著名的中医史学家、德国柏林夏里特医学院中国生命科学研究所所长，曾任中德医学会副主席、国际东亚科学技术与医史学会会长。他将中医药经典《本草纲目》《黄帝内经·素问》《黄帝内经·灵枢》《难经》等译成英文或德文。他研究中医近50年，先后撰写了《中国医学：医药史》《中医思想史》《中华帝国的医学伦理》等著作。2017年荣获第七届“中华图书特殊贡献奖”；2019年11月，获得第六届树兰医学杰出贡献奖。

（十）水野卫子

水野卫子（Astghik Atabekyan）是日本翻译家，翻译了《中国现代文学集》，以及刘晓庆的《我的自白录》、苏童的《茉莉花开》、爱新觉罗·恒懿的《世纪风雪》等作品。此外，还翻译了数十部中国电影和电视剧的字幕。

第二节　出版机构

通过对政策项目所资助选题的出版机构进行统计分析，可以了解承担中国图书国际传播政策项目的出版机构的基本情况。

一、承担中国图书国际传播政策项目的出版机构分析

（一）获“中国图书对外推广计划”资助的出版机构

在国内出版机构当中，中国科学出版集团积极参与“中国图书对外推广计划”，通过与德国施普林格出版集团等世界知名图书出版公司合作，将大量中国科技类图书推广至德国、英国、美国等西方主要发达国家，对中国科学与技术的海外推广起到重要的作用。

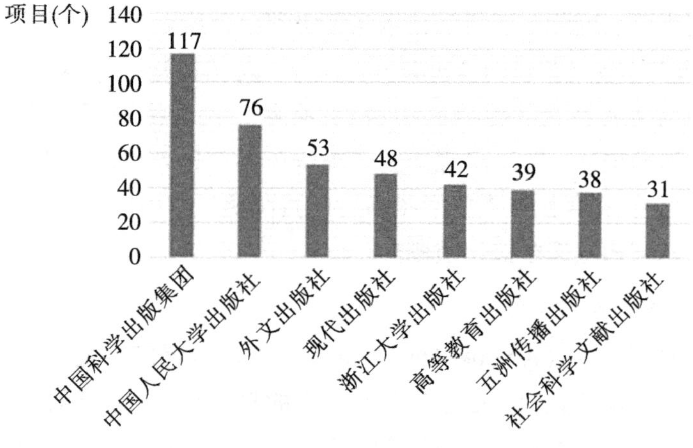

图 3.4　获“中国图书对外推广计划”资助排名前 8 的出版机构

此外，中国人民大学出版社、外文出版社、现代出版社等国

内重要出版社也加入“中国图书对外推广计划”中，致力于将中国图书向海外推广，对中国文化的海外推广做出了很大贡献。由资助出版机构排名可知，“中国图书对外推广计划”的资助对象主要为国内出版机构，通过西方主要出版机构来打通进入西方主流市场的途径有待拓宽。

（二）获“经典中国国际出版工程”资助的出版机构

2009年至2021年间，“经典中国国际出版工程”资助了国内大部分地区的出版机构。

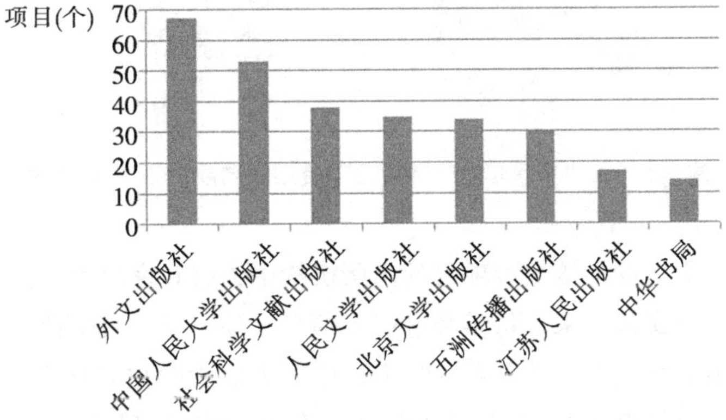

图3.5　获“经典中国国际出版工程”资助排名前8的出版机构

如图3.5所示，在已获资助的中国出版机构中，外文出版社、中国人民大学出版社、社会科学文献出版社、人民文学出版社等出版机构凭借积累了多年的丰富经验，成为图书对外翻译出版的主力军。

（三）获“中华学术外译项目”资助的出版机构

“中华学术外译项目”相比较于其他的政策项目，其对所资助项目的学术性要求更高，因此，“中国学术外译项目”对于出版机构的选取也是十分严格，其出版机构大部分是专业的中央出版机构以及以学术出版为特色的高校出版社。

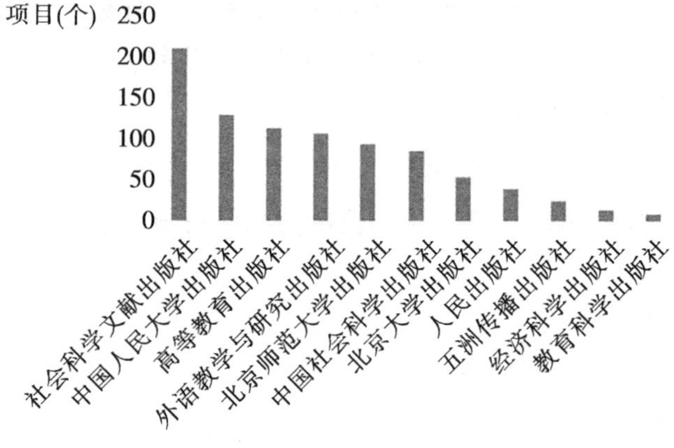

图 3.6　获“中华学术外译项目”资助排名前 10 的出版机构

在积极参与该政策项目的出版机构中，有 6 家出版机构自该政策项目实施以来，每年都进行了项目立项申报，其中社会科学文献出版社近 9 年共立项 208 个、中国人民大学出版社立项 139 个、高等教育出版社立项 107 个、外语教学与研究出版社在 2010—2015 年立项申报的项目不多，但在 2016 年该社申报立项了 21 个，可见外语教学与研究出版社感受到了“中华学术外译项目”对中国学术精品“走出去”的支持力度，加强了对“中华学术外译项目”的重视。

（四）获“丝路书香工程”资助的出版机构

“丝路书香工程”主要是对外传播介绍中国基本国情、中国发展模式、中国文化、中外交流、当代文学等主题的图书，推动国外读者进一步认识、了解和理解中国。政治经济类与文学文化类图书是对外译介的重点，中国人民大学出版社及社会科学文献出版社在人文社科等方面的优势契合了这种需要。

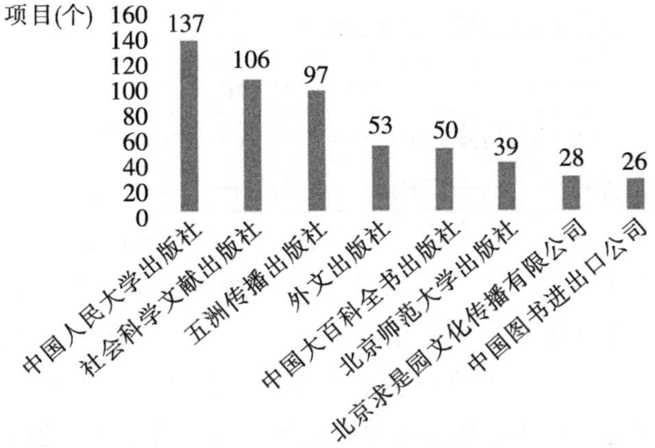

图 3.7　获“丝路书香工程”资助排名前 8 的出版机构

本土化、国际化和数字化一直是五洲传播出版社图书业务的发展方向。借助“丝路书香工程”的推力和资金保障，五洲传播出版社将现有的产品、渠道和人才优势相结合，这样一家外向型出版机构在较短的时间内就推出了近百种外文版图书，成为国家重点“走出去”出版社和文化出口重点企业。图 3.7 中 8 家出版社 2015—2018 年均有稳定项目申报。获资助出版机构从自身出版特色出发，推出精品，越来越多的出版社善于利用政策“走出去”。

二、中国图书国际传播中有影响的国外出版机构

根据“经典中国国际出版工程”的项目申报办法，从 2013 年开始海外出版机构和版权代理机构就可以直接申请资助。2013—2018 年，“经典中国国际出版工程”共资助了包括企鹅出版集团、圣智学习集团、法国毕基埃出版社等 32 家海外出版机

构直接申报的130个项目。下面是部分在中国图书国际传播中有突出贡献和影响的国外出版机构。

（一）企鹅出版集团（Penguin Group）

企鹅出版集团是皮尔松公司（Pearson Plc）的子公司，也是世界最著名的英语图书出版商，在世界图书零售市场居首位。主要出版小说与非小说作品，以及儿童图书。该社出版的“企鹅经典”有1300多种，都是实至名归的经典作品，包括不同文化区域的代表性作品，其中有不少中国作品。企鹅（北京）咨询有限公司成立于2005年8月，隶属于企鹅澳大利亚集团，肩负着在中国这个新兴市场引入并树立企鹅品牌的使命。当时，企鹅集团购得了中国有史以来最受欢迎的小说之一《狼图腾》的英文版销售权，并以此为契机进入中国市场。接下来的两年，企鹅集团与中国签署并获得15种出版物英文版的销售权，在世界各地发行销售。

（二）圣智学习出版公司（CENGAGE Learning）

圣智学习出版公司（CENGAGE Learning）是全球最大、为终身学习提供全方位支持的教育出版集团之一。其前身是隶属于汤姆森集团的分支子公司——汤姆森学习出版集团（Thomson Learning）。2007年，汤姆森学习出版集团被Apax - Partners和OMERS Capital Partners收购之后，改名为CENGAGE Learning，并成为独立运营的公司。圣智学习出版公司在中国的业务重点有：一是与中国国内出版社合作开拓英语培训教材市场，这是其最大的增长点；二是和中国出版社合作在海外市场出版发行对外汉语教材；三是参与中国图书“走出去”项目。如2021年该公司的《全球政要、大使论“一带一路”》一书（Global Leaders on the Belt and Road Initiative）英文版成功入选2021年“经典中国国际出版工程”。该书系统梳理了自“一带一路”倡议提出以来，作者孙超与数十位外国驻华大使及政要的深度对话，是全球化背景下理解中国以及世界的佳作，以政策沟通、设施联通、贸易畅通、资金融通、民心相通五通为线索，生动展现了各国领袖眼中的“一带一路”倡议带来的合作发展与美好前景。

（三）巴黎友丰出版社（Paris Editions You Feng）

巴黎友丰出版社在法国出版界享有盛誉，是法国最重要的介绍中国文化的专业出版社。友丰出书的高质量，受到法国学术界肯定，享誉全欧洲。巴黎友丰出版社创始人 Mr. Kim Hun（潘立辉）因此被法国文化部授予文学艺术骑士勋章（Chevalier des Arts et des Lettres）和首届中华图书特殊贡献奖。诸多学术界泰斗人物、大学教授，都在巴黎友丰出版社出书。1995 年，巴黎友丰出版社用法语原文整理出版十八卷《中国民间信仰研究》。法国汉学泰斗爱德华·沙畹（Edouard Chavannes）于十九世纪末开始翻译但未完成的司马迁《史记》由雅克·班巴诺（Jacques PIMPANEAU）等当代汉学学术泰斗合作、接力翻译了几十年，于巴黎友丰出版社陆续出版，2015 年由巴黎友丰出版社分九大册、近三千页出齐。

（四）耶鲁大学出版社（Yale University Press）

耶鲁大学出版社是美国著名的大学出版社，1908 年成立。1916 年，正式成为耶鲁大学的一个部门，从 20 世纪 70 年代开始，成为一家功能完备的出版机构，以出版艺术类和社会历史类图书为主。作为美国大学出版精神的传承者之一，耶鲁大学出版社坚持出版高质量的学术图书和大众图书，这使得它在大学出版社整体面临困境的情况下仍然生机勃勃。中美最大的合作出版项目“中国文化与文明”系列丛书就是由中国外文局和该社承担出版。系列丛书的首卷《中国绘画三千年》1997 年 10 月 21 日在京首发，2012 年 9 月，随着《中国丝绸》的出版，这个合作出版项目圆满完成。20 多年来，该项目以中、英、韩等多种语言出版了《中国文明的形成》《中国绘画三千年》《中国古代建筑》《中国雕塑》《中国书法》《中国印章》《中国陶瓷》《中国丝绸》《中国古典哲学概念范畴要论》《中论》等 10 种大型图书，近 20 个版本。

（五）西班牙凯伊拉斯出版社（Kailas Editorial）

西班牙凯伊拉斯出版社（Kailas Editorial）是西班牙一家注重传播中国文化的出版机构。自 2004 年创立以来，凯伊拉斯出版社一直致力于让更多中国文学作品在西语世界落地。莫言作品在西班牙的传播离不开西班牙凯伊拉斯出版社（Kailas Editorial）社长兼总编安赫尔·费尔南德斯·菲尔默塞耶（ángel Fernández Fermoselle）的努力，该出版社翻译出版了莫言绝大部分的西班牙语译著。2005 年，费尔南德斯读到莫言的英文版小说，莫言作品的魔幻现实主义风格让他深深着迷。“在我看来，莫言是全世界最杰出的作家之一，应该向西班牙读者分享他的作品。”然而在当时的西班牙，只有《红高粱》曾在多年前被翻译出版，西语世界的读者对莫言并不熟悉。2006 年后，他们开始系统地将莫言作品广泛推介到西班牙乃至整个西语世界的出版社，目前已经翻译出版了 16 本莫言作品。此外，中国经典的古代文学和现代文学作品也是凯伊拉斯出版社非常重要的产品，该社翻译出版的书籍包括《论语》《道德经》《阿 Q 正传》和韩少功、王安忆、吴晓波等作家的作品。

（六）施普林格·自然（Springer Nature）

施普林格·自然每年出版超过 1.3 万种图书，其中数百种图书来自中国，其大中华区总裁是汤恩平（Niels Peter Thomas）博士。1985 年，十几岁的汤恩平便与中国结缘，他从德国来到北京居住和就学，2010 年再次来到北京为施普林格出版社工作。2013 年，他在施普林格北京办公室工作时曾成立专门团队，在海外翻译出版中国学者在一系列学科领域的著作。2020 年施普林格出版了清华大学教授刘知远的《自然语言处理表示学习技术》，这本开放获取（OA）图书代表了自然语言处理研究领域的前沿成果，迄今已被全球读者下载了超过 33 万次。2021 年，施普林格·自然旗下国际学术出版社帕尔格雷夫·麦克米伦以 OA 方式出版了中国人民大学农业与农村发展学院教授温铁军的著作《十次危机——中国发展的政治经济学（1949—2020）》。

第四章　中国图书的海外馆藏与读者分析

第一节　海外馆藏分析

对中国经典作品进行馆藏分析，是为了考察其在何种程度上进入了阅读，因为各大图书馆对作品的收藏，是该作品进入阅读的一个条件和标志。进一步的考察就是对作品的借阅情况的统计分析。本节包含三项具体的馆藏分析。

一、国家项目资助图书的馆藏情况调查与分析

这项调查以2010年“‘中国图书对外推广计划’已出版图书目录”为样本，调查该目录所列图书在中外各大图书馆的馆藏情况。具体做法是以2010年“‘中国图书对外推广计划’已出版图书目录”中的中外文书名、作者名、出版时间等为关键词，在以下图书馆中进行检索：

联机计算机图书馆中心 www. worldcat. org

中国国家图书馆 www. nlc. cn

美国国会图书馆 catalog. loc. gov

哈佛大学图书馆 library. harvard. edu

法国国家图书馆 www. bnf. fr

首先在联机计算机图书馆中心（Worldcat）中对所有图书目录进行检索，获取该中心联网的图书馆的所有馆藏数据，即可知晓有

多少家图书馆收藏了这些书目。然后，分别在中国国家图书馆、美国国会图书馆和哈佛大学图书馆等中外馆藏量最大的图书馆对所有图书目录进行检索，获取各书目在每家图书馆的馆藏数量。最后，选取法语书目作为小语种的代表，在法国国家图书馆进行再次检索，获取法语类图书在法国最大的图书馆的馆藏情况。

（一）总体数据情况

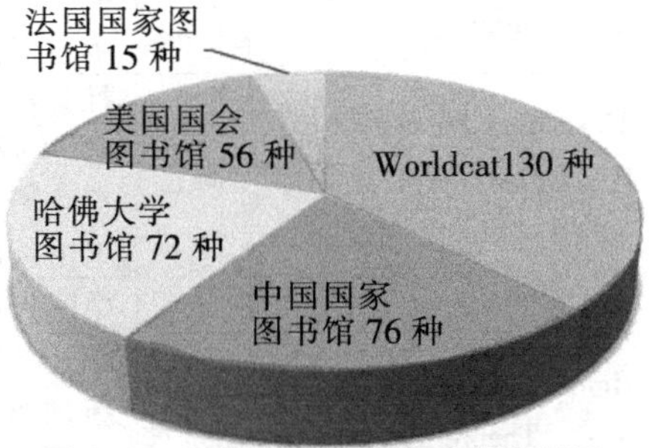

图 4.1　各大图书馆馆藏图书情况图

如图 4.1 所示，在 Worldcat 中可检索到馆藏的图书有 130 种；中国国家图书馆、哈佛大学图书馆及美国国会图书馆分别馆藏 76 种、72 种和 56 种。在法国国家图书馆只检索了法语书目，仅有 15 种。在所有图书馆中均可检索到馆藏的图书有 38 种。在 Worldcat 中检索到馆藏数量排名前 10 位的图书信息如下：

表 4.1　Worldcat 馆藏排名前 10 的图书信息

序号	书名	外文书名	语种	出版国家	出版社	Worldcat 馆藏数量
1	中国人口与劳动力年鉴（第二卷）	The China Population and Labor Yearbook Volume 2	英语	荷兰	社会科学文献出版社；荷兰博睿学术出版社	746

续表

序号	书名	外文书名	语种	出版国家	出版社	Worldcat馆藏数量
2	中国法制年鉴（第四卷）	The China Legal Development Yearbook Volume 4	英语	荷兰	社会科学文献出版社；荷兰博睿学术出版社	713
3	中国当代文学史	A History of Contemporary Chinese Literature	英语	荷兰	社会科学文献出版社；荷兰博睿学术出版社	570
4	中国社会年鉴（第四卷）	The China Society Yearbook Volume 4	英语	荷兰	社会科学文献出版社；荷兰博睿学术出版社	558
5	中国经济体制改革基本理论	Reforming China: Theoretical Framework	英语	新加坡	中国人民大学出版社；新加坡 Enrich Professional 出版公司	496
6	仿生智能纳米界面材料	Bioinspired Intelligent Nanostructured Interfacial Materials	英语	新加坡	化学工业出版社；新加坡世界科技出版公司	460
7	故宫	The Last Palace	英语	美国	现代出版社；美国威芒出版公司	444
8	脉冲耦合神经网络及其应用	Applications of Pulse – Coupled Neural Networks	英语	德国	中国高等教育出版社；德国施普林格出版集团	339

续表

序号	书名	外文书名	语种	出版国家	出版社	Worldcat 馆藏数量
9	中国的荒漠化及防治	Desertification and Its Control in China	英语	德国	中国高等教育出版社；德国施普林格出版集团	338
10	中医学导论	A General Introduction of Traditional Chinese Medicine	英语	英国	中国科学出版集团；英国 Taylor & Francis 出版集团	337

（二）中外图书馆馆藏情况比较分析

通过对数据的分析可发现，中外图书馆在馆藏图书的数量、覆盖面、主题、语种等方面并没有显著差异。在所调查的 196 种图书中，中国国家图书馆仅收藏了其中的 76 种，占比 38.77%；美国哈佛大学图书馆收藏了 72 种，占比 36.73%；美国国会图书馆收藏了 56 种，占比 28.57%。中美图书馆都倾向于选择收藏英语译本，同时在主题上倾向于科技、经济、文化类图书。对于小语种译本图书和其他受众面较小的图书则收藏数量有限。

（三）图书馆藏情况与图书主题的关系分析

图书目录中的书目按主题大致可分为以下几大类：综合类、政治类、经济类、文化类、科技类、医药类、文学类。数量较少的教育、历史和工具书类图书暂时都归为文化类中。按照以上的图书主题分类，以 Worldcat 的馆藏信息为依据，可获取以下数据：

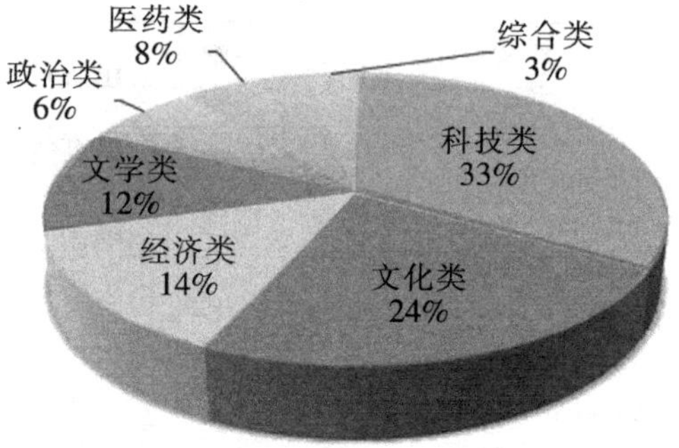

图 4.2 Worldcat 馆藏图书主题分布图

在图书目录中，文化类和科技类图书占据了主导地位，其次是文学类和经济类图书，而政治、医药及其他综合类图书所占比例则比较小。而从图书馆馆藏情况看，科技类图书收藏量最大，占比 33%；其次是文化类和经济类图书，分别占比 24% 和 14%。以传统中医为主的医药类图书，除个别书目外，大部分馆藏情况都不太理想。虽然综合类图书（主要是年鉴类图书）总体数量不多，但馆藏量却非常大。因此，总体上看，外国图书馆收藏较多的是经济类、科技类图书。在文化类图书中，一些对中国进行总体介绍的图书较受欢迎。在文学类图书中，著名作家的经典作品如鲁迅、沈从文等的作品馆藏情况较好。

（四）图书馆藏情况与外译语种的关系分析

从总体调查结果来看，英语译本的馆藏数量较多，这与英语使用的普遍性及传播媒介应用的广泛性有着紧密的关系。在 114 种英语译本中，仅有 16 种图书在已检索的图书馆中未发现馆藏，其余的 98 种均有馆藏，且从 Worldcat 查询结果看，馆藏数量排名前 10 位的图书全部是英语译本。

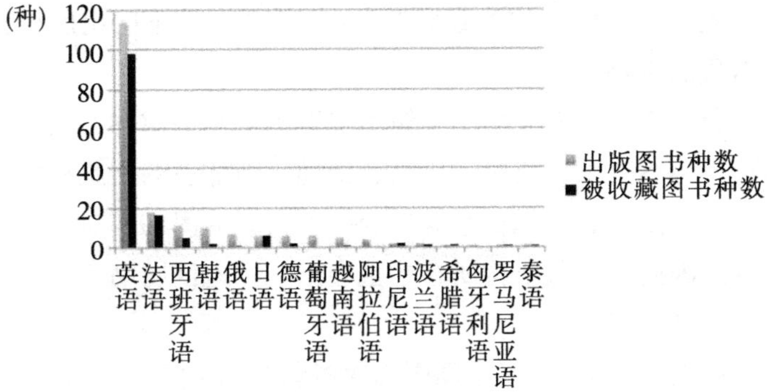

图 4.3　各语种出版图书与被收藏图书情况对比图

相比较英语译本，小语种译本的馆藏数量要少很多。其中，法语和日语译本的馆藏量较多，6 种日译书目全部有馆藏信息，19 种法译书目中有 15 种有馆藏信息。其他小语种的馆藏数量则非常有限，有些甚至没有查询到馆藏信息，如该图书目录中的 7 种俄译本、6 种葡萄牙语译本、1 种匈牙利语译本、4 种阿拉伯语译本、1 种泰语译本的馆藏数量均为 0。波兰语译本、罗马尼亚语译本、越南语译本、印尼语译本则分别只有 1 家图书馆收藏，基本为该国的大型图书馆。

（五）图书馆藏情况与出版机构的关系分析

部分图书的馆藏情况与出版机构之间也有着密切的联系。例如在德国、澳大利亚、英国、美国、新西兰、新加坡、荷兰多国均有英语译本出版，但各出版机构出版的图书在馆藏量上存在着一定的差异。

在德国出版的 24 本英译图书中，由施普林格（Springer）合作出版的 20 本图书在各大图书馆中均有馆藏，有些图书被世界 300 余家图书馆收藏。而由德国朗氏出版集团出版的《发现中国》系列共 4 本图书的馆藏量则为 0。从中可见不同出版机构对图书馆藏的影响。

在所调查的哈佛大学图书馆和美国国会图书馆中，大部分馆藏的英译本图书来自英国、美国、德国、新加坡的出版机构，而由新西兰、澳大利亚和荷兰等出版机构出版的图书相对来说收藏量较少。因此，出版机构所在地也会影响到地区图书馆对所出版图书的收藏情况。

从以上对 2010 年“中国图书对外推广计划”已出版图书在中外图书馆馆藏情况的调查和分析可知，66% 的图书在国内外的图书馆中被收藏，总体馆藏情况并不理想。国内和国外图书馆在馆藏数量、覆盖面、主题和语种等方面并没有显著差异。总体上来看，经济类、科技类和文化类图书的馆藏情况较好，而一些受众面较小的图书如中医药类等则馆藏情况不理想。从语种上来看，英译本在馆藏数量上占有绝对的优势，其他小语种的馆藏量较少，有些甚至无法查到相关馆藏信息。因此，外译图书的馆藏情况受到图书主题、语种与出版机构等因素的影响。建议在后续的项目推进中，在外译图书选择上尽量满足目标读者需求，以通识性图书为主，专业性较强的图书为辅；在语种上仍以英语为主，兼顾其他小语种；在合作出版机构选择上，尽量与国际上有影响力的出版集团合作，以推进中国图书的国际传播。

二、中国现当代文学经典作品外译版本馆藏情况

中国现当代文学在国外的译介始自 20 世纪 20 年代，当时中国现代作家如鲁迅、郭沫若、老舍、巴金等的作品开始出现译本，其中以鲁迅作品的译本传播最为广泛。解放后，从 20 世纪 50 年代开始中国现当代文学恢复了其在海外的翻译与传播，2000 年后逐渐增多，但始终影响力有限，直到 2012 年莫言获得

诺贝尔文学奖后，中国现当代文学才受到国际市场较广泛的关注。

为了更清楚地了解中国现当代文学经典作品的对外翻译和传播情况，课题组采用了实证调查分析的方法，为其提供数据支持和观点参考。中国现当代文学作品浩如烟海，因此采用抽样调查的形式，选取了具有代表性的茅盾文学奖获奖作品 43 部和较有影响力的现当代文学作品 17 部，共 60 部作品作为调查分析的样本。

通过查阅中国国家图书馆、美国国会图书馆、哈佛大学图书馆、耶鲁大学图书馆等国内外重要图书馆的馆藏信息，结合相关研究成果，对上述作品进行检索、调查和分析，了解中国现当代文学作品经典作品外译的语种分布概况，各主要翻译语种内部的选题情况，以及传播广泛的文学作品译介中呈现的主要特征，以期为在国际出版市场进一步推广中国现当代文学作品提供参考与借鉴。

（一）中国现当代文学作品经典作品外译本馆藏情况统计

本次调查的 60 部中国现当代文学作品在 15 个语种中，共检索到译本 367 个，其中 43 部茅盾文学奖作品共有译本 42 个，而 17 部经典作品共有译本 325 个，占有绝大的比例。

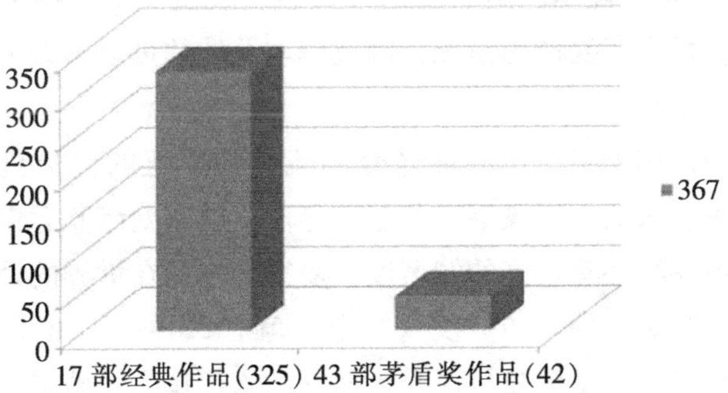

图 4.4　中国现当代文学作品译本总量及分布

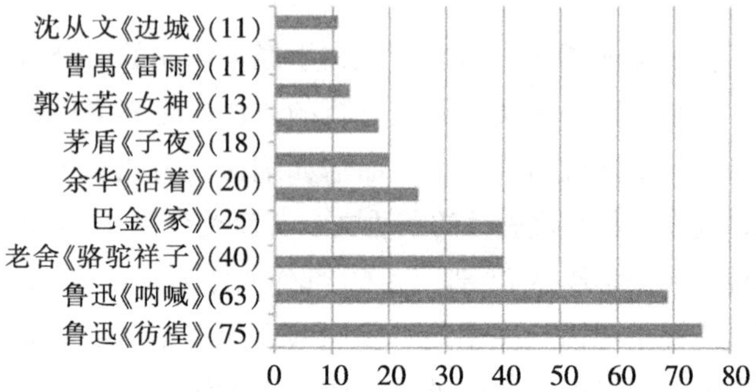

图 4.5　中国现当代文学作品译本总量前 10 排行

从检索结果排行榜上，可以看到现代作家中鲁迅的作品拥有众多外译本，各语种译本的分布也较平均。其次老舍、巴金、郭沫若等人的作品也是较早译介到西方的作品，且有一定数量的译本。

在所调查的当代文学作品中，译本总数最多的应为莫言的《红高粱》，虽然没有准确的统计，但据报道至少已译成 40 种语言。排在第二位的应该是余华的《活着》，据不完全统计有不下于 20 种语言的译本。由于现当代文学一般在一个语种中只有一个译本，很少有复译的情况，因此译本总体数量远不如中国古代典籍的译本数。

在当代作家中，作品被译介和流传较广泛的包括莫言、麦家、余华、张洁、毕飞宇、刘慈欣等。莫言和刘慈欣凭借获得的国际奖项在海外有较高的知名度。麦家的作品在世界的译介较为广泛，根据对他的采访，仅《解密》就有 33 种语言的译本。张洁的作品是为数不多较早译介入西方的当代作品，她有多部作品在海外都有译本。毕飞宇的《推拿》《青衣》等也是受到西方译者推崇的作品。

（二）外译语种分布情况统计

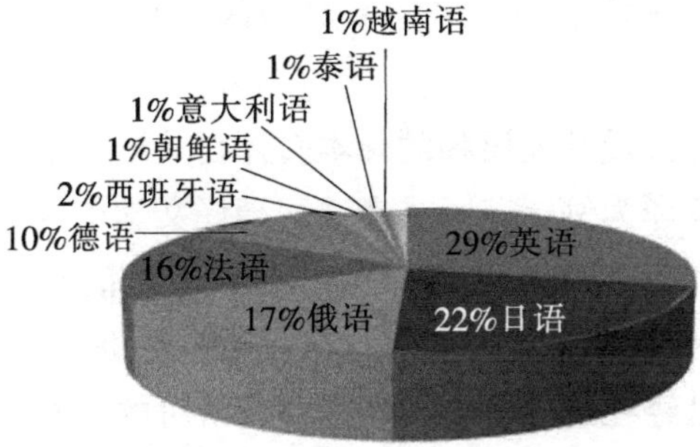

图 4.6　中国现当代文学作品外译语种总体分布图

在所调查的 60 种中国现当代文学作品中，各语种译本分布较不均衡。占有最大比例的仍然是英语和日语译本。英语译本最多，共有 107 本，占比 29%；日语次之，共有 79 本，占比 22%；主要西方语言中俄语、法语、德语译本相对较多，分别占比 17%、16% 和 10%。在检索中，也发现了一些小语种译本，如在国内用其他民族语言翻译的藏语、蒙语和维吾尔语译本；其他亚洲语言，如泰语、越南语、朝鲜语（韩语）译本；其他欧洲语言，如西班牙语、瑞典语、拉丁语和意大利语等，但总体占比均较小。

总体上看，中国现当代文学的外译本总体数量不多，对外译介语种的覆盖面也较低。与中国古代典籍不同，中国现当代文学在一种语言中通常只有一个译本，而大部分的作品仅有英语或日语译本，其他小语种译本极少，就导致了整体译本数量不多。

以传播较广的诺贝尔文学奖获得者莫言的《红高粱》为例，

虽然已被翻译成至少40种语言，但相对于西方的一些文学作品动辄翻译成100至200种语言来说（世界排名第一的《小王子》，被译为253种语言），仍然有一定的差距。特别是在“一带一路”沿线国家中，很多国家对中国现当代文学作品的译介仍然是空白。

此外，有大量其他语种的译本转译自英语译本。以中国现当代文学作品德译为例，美国或者法国翻译文学市场对于德国的影响较大，例如巴金的《寒夜》、古华的《芙蓉镇》等都是从英语译本再转译为德文，周琴丽的《花轿泪》则是从法语译本转译而来。选择已经在别国文学市场上受到认可的译本一方面可以降低筛选的难度和成本，另一方面也可以在一定程度上规避风险。这其实暴露出德国乃至整个海外文学市场对于中国文学的反应滞后。

三、中国古代典籍翻译出版的馆藏调查与分析

中国古代典籍是中华民族智慧的结晶，是中华文化的主要载体。列入“大中华文库”的104种图书经过专家的精选和甄别，代表了中国古代典籍的精华。本次调查以此110种书目为检索关键词，通过调查国内外主要图书馆收藏的中国古代典籍外译本情况，了解中国古代典籍对外翻译出版和传播的全貌，为后续分析研究提供数据支持。外译本包括各语种中的全译本、节译本、选译本及包含译本的研究性著作或博士论文，单纯的研究性著作等未列入统计结果。

此项调查以“大中华文库”的104种书目的书名、作者名及翻译为检索关键词。分别在中国国家图书馆 www. nlc. cn、美国国会图书馆 catalog. loc. gov、耶鲁大学图书馆 web. library. yale. edu、哈佛大学图书馆 library. harvard. edu、普林

斯顿大学图书馆 library. princeton. edu、剑桥大学图书馆 lib. cam. ac. uk、牛津大学图书馆 digital. bodleian. ox. ac. uk、日本国立国会图书馆 www. ndl. go. jp、俄罗斯国立列宁图书馆 www. rsl. ru、莫斯科国立大学图书馆 nbmgu. ru、俄罗斯外国文学图书馆 libfl. ru、法国国家图书馆 www. bnf. fr、韩国国立图书馆 www. nl. go. kr、德国国家图书馆 www. dnb. de 进行检索。因语言限制，其他小语种仅限在中国国家图书馆中检索。

本次检索涉及 15 种语言的译本，包括英语、法语、德语、俄语、日语、阿拉伯语、朝鲜语、葡萄牙语、西班牙语、意大利语、拉丁语、马来语、泰语、越南语、土耳其语。

首先，对中国国家图书馆馆藏目录进行检索，采用通用命令检索和分类号检索两种形式，对检索结果进行甄别整理。其次，对国外图书馆的馆藏目录进行检索，对中国国家图书馆的检索结果进行补充，去除重复条目。再次，在“中国知网”等信息平台查询相关典籍的研究文献，包括博、硕论文和其他期刊论文，在其参考文献、附录、正文相关部分搜集典籍外译信息，在各大图书馆中进行查证并对检索结果进行补充。最后，对检索结果进行甄别、整理，去除不相关条目，对数据进行规范整理和汇总。

（一）中国古代典籍译本的类别分析

本次调查选取的 110 种中国古代典籍大致分为五类：哲学思想类、历史类、古代文学类、科技类和军事类。具体检索结果如图 1 所示，其中哲学思想类 21 种书目的译本总数达到 1843 种，居五类之首；其次是占有较大比例的古代文学类，达到 1579 种；军事类 9 种书目的译本达到 433 种，主要是《孙子兵法》的传播较为广泛。而历史类和科技类的译本数量相对较少。各类别作品的翻译和传播有明显的不均衡现象。

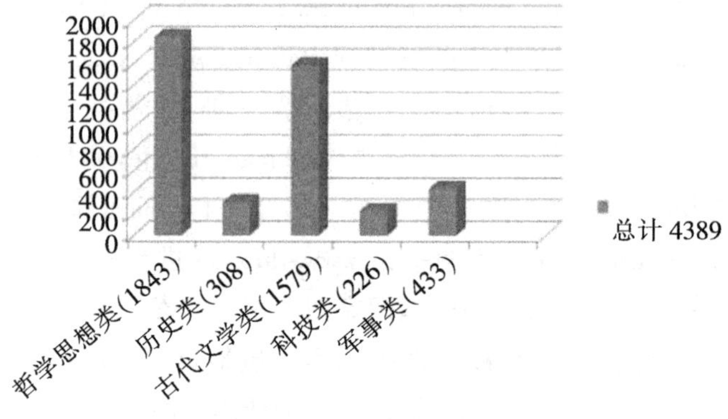

图 4.7　分类别中国古代典籍的译本数量分布图

（二）中国古代典籍译本的语种分析

本次检索的 15 种语言的译本中，英译本 110 种、日译本 90 种、法译本 66 种分列前三名。翻译成小语种的经典作品种数相对来说较少。

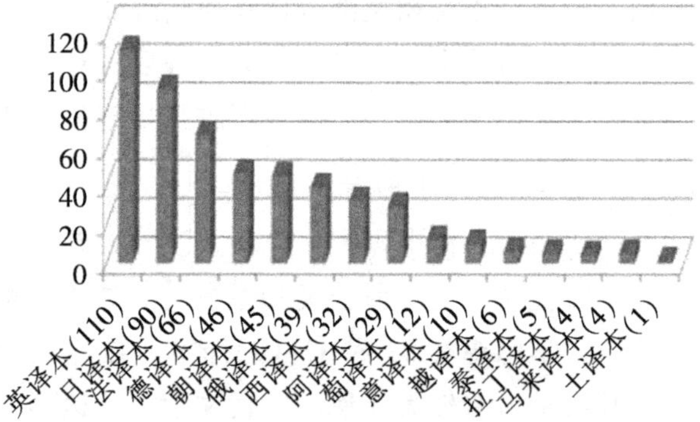

图 4.8　分语种中国古代典籍的译本种数分布图

据上图所示，国内外馆藏中国古代典籍各语种译本总量排行前两位的是日译1490本、英译1461本，朝、法译本和德、俄译本数量基本持平，其它小语种译本数量明显偏少。该结果显示了中国古代典籍各语种翻译的不均衡，目前以英、日两种语言为主，而中国古代典籍要想在全球，特别是在“一带一路”沿线国家得以广泛传播还需要加强小语种译本的翻译和出版。

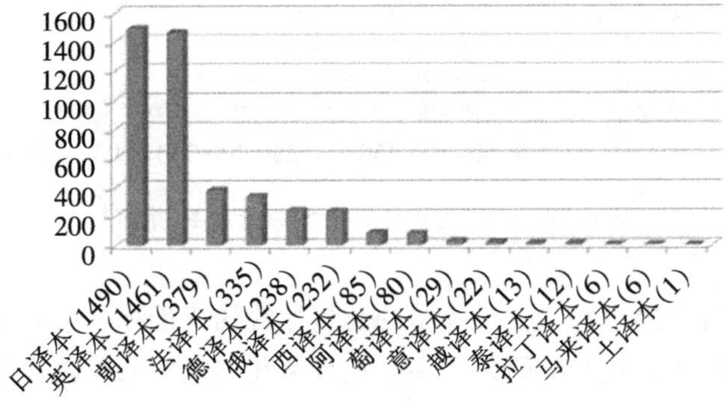

图4.9　分语种中国古代典籍的译本总量分布图

（三）中国古代典籍译本的数量排行分析

本次检索的110种作品全部都有外译本。其中译本数量最多的是《老子》（《道德经》），各语种译本共计474个。译本总量达到100本以上的图书有9种，译本总量低于10本的图书有42种。译本总量排名前10位的图书分别是《老子》《孙子兵法》《论语》《周易》《唐诗选》《庄子》《红楼梦》《三国演义》《杜甫诗选》《李白诗选》，其中思想学术类著作4种，古典文学类5种，军事类1种。具体如图4.10。

分语种排行信息可以反映出不同类别的书目在某一语言世界的流传和接受情况。从排行结果可发现，在中国古代典籍中，老子和孔子哲学、唐诗、中国古典小说四大名著、《孙子兵法》是对外传播最广的图书。

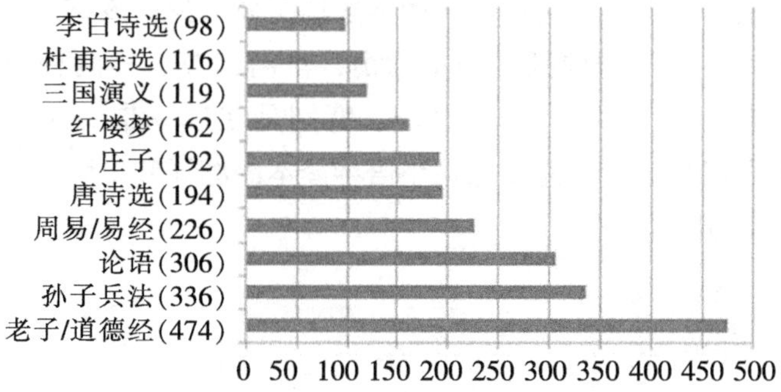

图 4.10　中国古代典籍译本总量前 10 排行

在各主要语种中，英译本的总量始终居于前列，且呈现逐年上升的趋势，这与英语语言在全世界文化传播中的工具作用联系紧密。在中国古代典籍英译本前 10 排行榜中，《老子》《论语》《周易》《孙子兵法》《孟子》《唐诗选》《庄子》《三字经》《杜甫诗选》《李白诗选》榜上有名，其中很多典籍与译本总量排行榜中相同，这也说明英译本的数量在译本总量中占有绝对的比例。

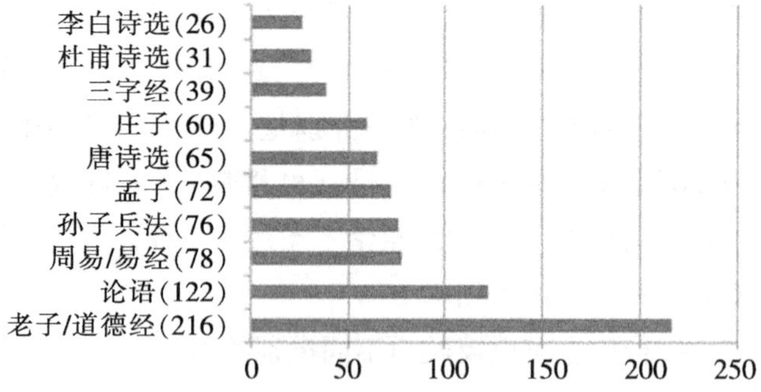

图 4.11　中国古代典籍英译本总量前 10 排行

在中国古代典籍日译本前10的排行榜中，中国古代的经典作品仍然在榜单中，如《老子》《孙子兵法》《论语》《唐诗选》《庄子》等，但我们看到在英语世界中并没有受到足够重视的陶渊明的作品，在日译本中上了前10的榜单，这体现了中国古代典籍在亚洲和在欧洲的译介有细微的差异。

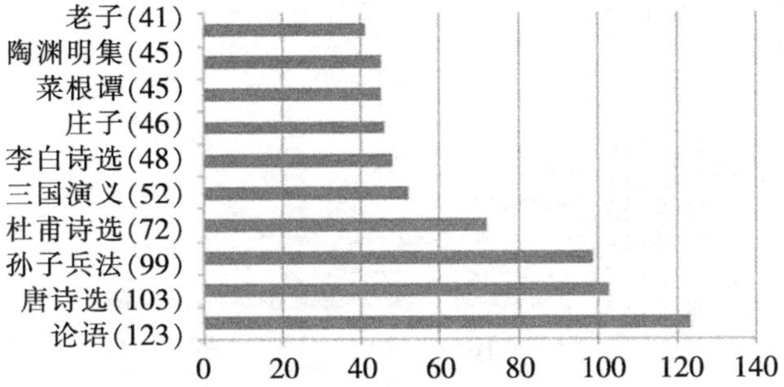

图4.12　中国古代典籍日译本总量前10排行

在中国古代典籍法译本前10的排行榜中，仍然以哲学思想类著作为最多，包括《老子》《庄子》《周易》《论语》，文学作品则包括《唐诗选》《李白诗选》《西游记》《三国演义》等诗词和文学名著，而《孙子兵法》和《史记》则分别是军事类和历史类著作的代表。

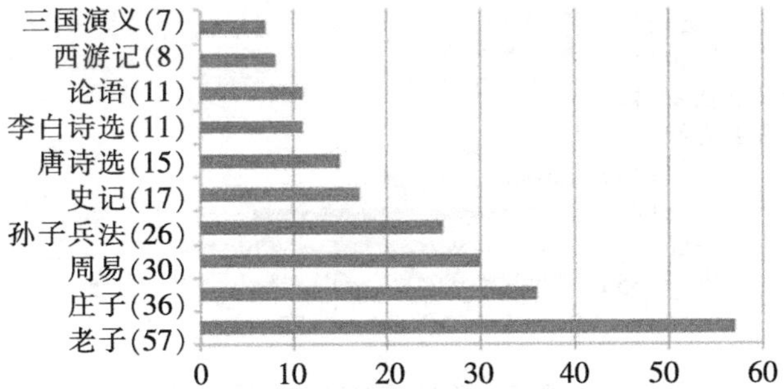

图4.13　中国古代典籍法译本总量前10排行

在中国古代典籍德译本前10排行榜中，除常见的老庄哲学和孔孟哲学外，《墨子》也进入了榜单。而在文学作品中，《聊斋志异》力压其他名著排行第7位，而《孙子兵法》仍然凭借其巨大的影响力，排名第5位。

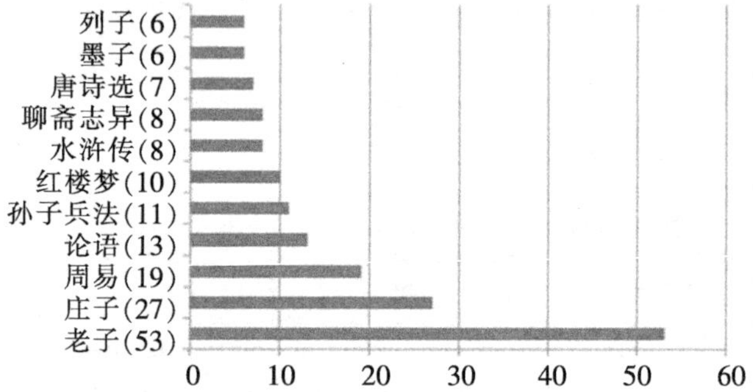

图4.14　中国古代典籍德译本总量前10排行

在中国古代典籍俄译本数量前10排行榜中，思想学术类著作仍占据半壁江山，《老子》《周易》《论语》《庄子》均在榜单上。历史学著作的代表《史记》也列在榜单内。文学作品类四大古典名著中有3部进入了前10榜单，可见经典文学作品的生命力之旺盛。

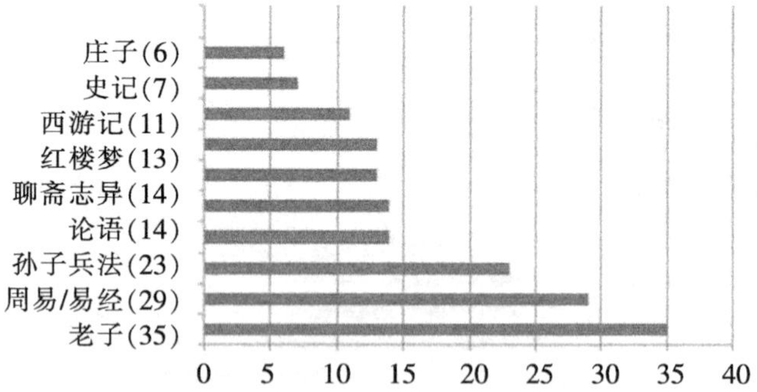

图4.15　中国古代典籍俄译本总量前10排行

（四）中国古代典籍对外译介的阶段特征分析

根据中国国家图书馆及国外主要图书馆馆藏中国古代典籍外译本的检索结果，分年代统计译本数量，可以看出总的翻译出版历史走势。图 4.17 的数据显示，中国古代典籍的翻译和传播大体经历了五个发展阶段，各阶段的特征也较为明显，具体分析如下。

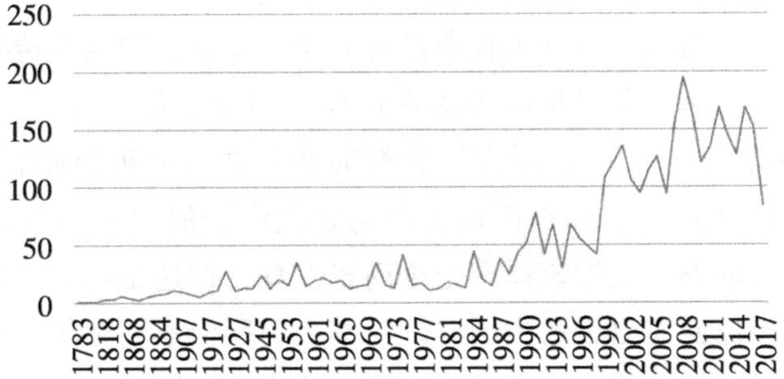

图 4.16　中国古代典籍外译历史走势图

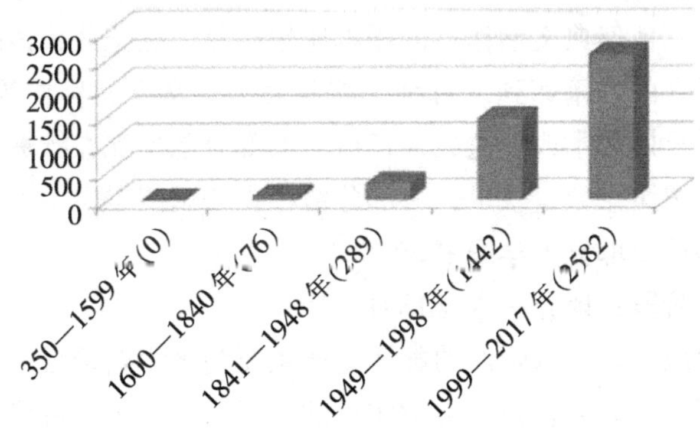

图 4.17　中国古代典籍翻译出版阶段数据统计图

第一阶段：周边传播（350—1599 年）

该阶段主要是中国古代典籍在亚洲国家的译介与传播。早在公元 4 世纪下半叶，中国古代典籍便已在亚洲国家如韩国和日本传播。由于年代久远，许多译本已遗失，但根据史料记载，中国古代典籍在亚洲国家传播的时间较早，传播范围也较广泛。由于各主要图书馆缺乏相关馆藏文献，难以作深入分析。

第二阶段：走向西方（1600—1840 年）

在这个阶段，中国古代典籍开始走出亚洲，向西方传播。中国国家图书馆馆藏最早的中国古代典籍西译本是 1783 年出版的《论语》法译本。但中国古代典籍向西方的译介可追溯到 16 世纪末、17 世纪初。来华传教士利玛窦把中国的“四书”译成拉丁语寄往欧洲，虽然该译本至今尚未发现，但这是确有史料记载的最早译成西方语言的中国典籍。其后，明清早期来华传教士成为该阶段中国古代典籍西译的主体。这个阶段翻译的主要是哲学思想类著作，尤其是儒家、道家经典，如“四书”、《老子》、《易经》等。文学类作品也有所涉及，但选材较随意，除唐诗、宋词外，其他经典文学作品的译本比较少见。据记载，该时期传教士所译介的书籍达到上百种，涉及哲学、文学、科技等著作，但大部分早期译本或者遗失，存留的大部分都保存在欧洲，中国国家图书馆馆藏数量较少，一部分留存在美国国会图书馆、哈佛大学图书馆及耶鲁大学图书馆。

第三阶段：译介深入（1841—1948 年）

鸦片战争以后该阶段的翻译主体主要为来华新传教士，他们在向中国译介西方科技、文学作品的同时，也将中国古代典籍译介到西方。翻译作品的选择仍以哲学思想著作为主，也开始尝试中国古典文学，特别是经典作品的译介，如《红楼梦》《西游记》《三国演义》《水浒传》等。中国科技著作和军事著作在该阶段也引起他们的关注，均有多个语种的译本产生。译介语言以英、法、德、俄、日为主，其它小语种译本较少见。

第四阶段：重点译介（1949—1998 年）

新中国成立以后，国内仍以外国作品的汉译为主，而中国古代典籍的外译主体主要是西方汉学家。虽然受身份的限制，他们对中国文化的理解有错误或偏差之处，但他们的译介活动对于中国文化的对外传播起到了重要的推动作用。许多古典哲学思想著作和文学作品出现了重译本、新译本，相关研究著作也层出不穷。对中国典籍的关注范围在不断扩大，一些知名度不高的作品也被译介出去。

第五阶段：全面译介（1999—2017 年）

该阶段的总体特征是以中国译者为主的中国古代典籍的全面外译。在认识到西方汉学家对汉语理解的局限后，中国译者担起传播中国文化的重任。以“大中华文库”为代表的由政府资助、具有一定规模的、由多家出版机构参与的翻译活动得以开展并持续进行，对中国文化的海外传播起到了巨大的推动作用。

总体上看，中国古代典籍在英语世界的传播较为广泛，这与英语这种语言的传播能力不无关系。同时，在亚洲的邻国日本，中国古代典籍也早早被翻译成日语，伴随着典籍传播的中国文化，形成了东亚文明的共同基础。但在外译典籍的类别和外译语种上仍存在不均衡的现象，到目前为止，受到西方译者追捧的作品仍然是以老庄哲学、孔孟哲学、孙子兵法、唐诗、部分古典文学作品为主，这些作品直至当今的不断复译，一方面说明了这些典籍的巨大生命力和思想魅力，其中包含的全人类共同价值使其在其他语言中逐步经典化，另一方面也说明国外出版市场对中国典籍的认识较为有限，很多小语种译本的翻译和传播完全受英语和法语译本影响，有些则是直接从英语或法语转译过去的，而非从中文直接翻译。在中国传统典籍的国外传播方面，还有很长的路要走，要让中国传统文化典籍走近国外的大众读者，像中国读者知道莎士比亚和歌德一样，让外国读者知道李白、杜甫和曹雪芹。

第二节　海外读者分析

2001 年，新闻出版业开始实施出版“走出去”战略。2017 年 10 月，党的十九大报告强调要“讲好中国故事，展现真实、立体、全面的中国，提高国家文化软实力”。2021 年 5 月 31 日，习近平总书记在中共中央政治局第三十次集体学习时强调，“要深刻认识新形势下加强和改进国际传播工作的重要性和必要性，下大气力加强国际传播能力建设，形成同我国综合国力和国际地位相匹配的国际话语权”。党的二十大报告强调，“增强中华文明传播力影响力。坚守中华文化立场，提炼展示中华文明的精神标识和文化精髓，加快构建中国话语和中国叙事体系，讲好中国故事、传播好中国声音，展现可信、可爱、可敬的中国形象。加强国际传播能力建设，全面提升国际传播效能，形成同我国综合国力和国际地位相匹配的国际话语权。深化文明交流互鉴，推动中华文化更好走向世界”。经过二十年的发展，我国出版“走出去”已逐渐从内容输出走向文化输出，成为展现国家形象的重要手段。就“走出去”的图书类型来看，经典作品是其中重要的组成部分。读者对经典作品的需求由过去的单一性、整体性向多元化、个性化转变，读者群体与阅读口味的分众化趋势愈发明显。读者的需求决定了出版物的定位与走向，对海外读者需求的了解是做好经典作品“走出去”的关键。新媒体时代，如何做好中国经典作品的“走出去”工作更需要认真思考。

根据国家版权局公布的数据，美国是英语世界中最重要的中国版权购买者，长期的版贸活动使得美国具备较好的受众基础。本研究通过对美国读者的需求调查，勾勒海外受众画像，以便精准谋划新时代“走出去”的路径。

本调研主要通过孔子学院发放问卷。相对来说，孔子学院的学员对中国文化更了解，接触到的中国文化产品更多，调查结果的信度和效度也更能得到保障。本次调研通过网络进行发放，回收有效问卷690份，均由美国本土读者填写。在问卷的内容上，共设计了16个题目。除读者性别、年龄、受教育程度、职业、收入等基本信息外，还涉及阅读偏好、图书获取渠道、阅读方式等阅读行为信息；对中国经典图书的了解程度、信息获取渠道、阅读动机、购买意愿和消费水平等信息。同时，问卷设计了两道主观题“曾经阅读过的中国经典图书和想要阅读的中国经典图书”，获取具体的图书书目和读者的真实阅读情况，为后续推荐阅读书目提供信息支撑。

根据调查结果，运用营销学中的“用户画像模型”，对中国经典作品的读者进行分析。美国交互设计之父 Alan Cooper 最早提出“用户画像”理论，认为“用户画像是真实用户的虚拟代表，是建立在真实数据之上的目标用户模型”，是一种勾画目标用户、联系用户诉求与设计方向的有效工具。在大数据时代，用户信息充斥在网络中，将用户的每个具体信息抽象成标签，利用这些标签将用户形象具体化，从而为用户提供更有针对性的服务。

在营销学中，为了精准地服务用户，人们将搜集来的用户信息分为静态信息数据和动态信息数据两部分，进而细化为社会属性、商业属性、心理属性、消费属性和社交属性五个子画像，由此建立起“用户画像模型”（图4.18）。

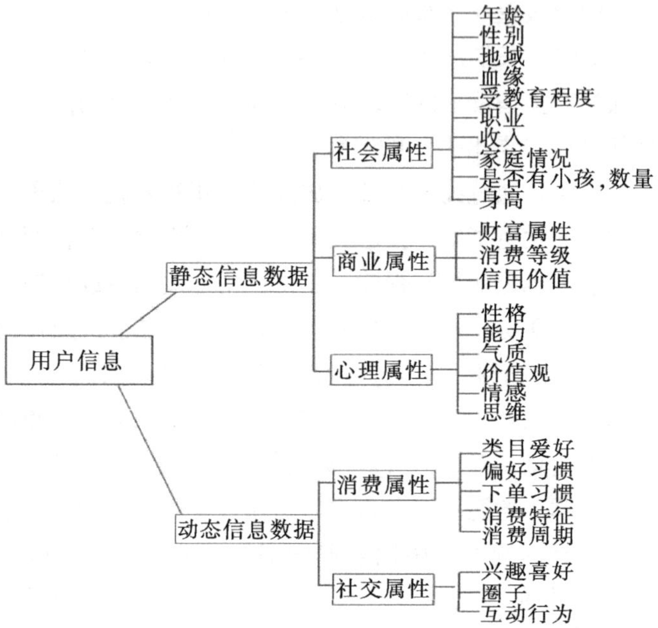

图 4.18　用户画像模型

借鉴此模型，我们总结出“中国经典作品读者画像模型”（图 4.19）：

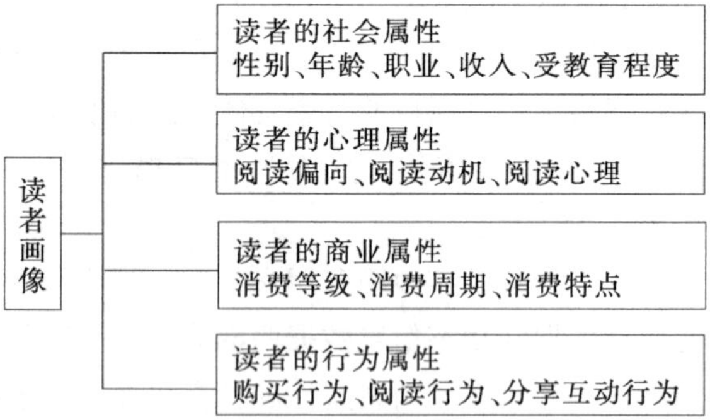

图 4.19　读者画像模型

我们利用“读者画像模型”对中国经典作品的读者进行分析，为作品的选题开发、传播推广提供数据支撑。

一、读者的社会属性

（一）男女比例相对均衡

根据问卷结果来看，接受调查的读者中男女比例约为4∶6，性别比相对均衡。

（二）读者覆盖各个年龄段，年轻化趋势明显

经典作品全年龄化覆盖读者，最大年龄读者60岁以上，但仍以30岁以下的青年读者为主，占比达75.37%，读者的年轻化趋势明显，对新知识有更强的求知欲。

（三）职业收入多层次，学生及教育背景更优的知识分子为主要受众

在接受调查的人群中，学生是经典作品最主要的读者，占比高达68.12%，其次为教师和专业人士，如律师、医生、记者等。这部分人群收入更高、具备一定的文化素质修养，对外来文化产品有更加积极的态度。

二、读者的心理属性

（一）阅读偏好

在调查中，我们通过“Types of books you like”“Please list the Chinese classic works you have been read”“The classic Chinese works you want to read”三个问题的设置来了解读者的阅读偏好。下面将结合男女性别、职业收入等因素来分析经典作品读者的阅读偏好。

休闲与文化类图书更受欢迎，四大名著最受追捧。

在“Types of books you like”这一题上，小说类位居第一，文化、艺术、摄影等居第二，人文社科类图书排第三，第四位为生活类图书，如家居、运动保健、美妆等，排名最末的为经管类图书。从调查结果可以看出，经典图书读者的需求依旧是倾向于消遣类和求知类阅读。

被调查对象列举出的曾经阅读过的经典图书作品中，《西游记》《红楼梦》《水浒传》《三国演义》《白鹿原》《道德经》《论语》为主要书目，由此可看出文学类和传统文化类图书仍是我国经典作品对外传播的主要载体。

“Please list the classic Chinese works you have been read”反馈结果（部分）见表4.2：

表4.2　美国读者已经阅读的中国经典作品

Journey to the west，Dream of red chamber
White Deer Plain
Journey to the west
四大名著
Journal to the West，The Romance of the Three Kingdoms，A dream of red mansions，Water margin
红楼梦
The Stone Story
Dream of red mansions，Journey to the west，Analects Three kingdoms
Art of War，Dao De Jing
Classic Chinese novels such as the famous four novels
红楼梦，水浒传，西游记，
A short history of Chinese philosophy
Journey to the west，Water Margin，the romance of three kingdoms
A dream of red mansion

男女阅读需求差异大，小众化阅读需求增多。将“性别”

作为自变量，“Types of books you like ”（喜欢阅读的图书类别）作为因变量进行交叉分析，可以发现不同性别的读者喜欢阅读的图书类型虽有部分相同，但仍有较大差异。男性读者喜欢阅读的图书类型前三名依次为：小说类、人文社科类以及科技类图书。女性读者喜欢阅读的类型依次为：小说类、文化艺术类及生活类（家居服饰、健康养生等）。男性读者更偏好对知识的获取，同时对科技变革的反应更迅速：女性读者更倾向于消遣类阅读。

职业、收入及受教育程度对阅读的选择有较大影响。分别将“月收入”“学历”作为自变量，“Types of books you like ”（喜欢阅读的图书类别）作为因变量进行交叉分析，可以发现小说类图书受到各个阶层读者的普遍欢迎。从学历层次来看，中学学历的读者大多对小说类作品情有独钟，大学学历的读者更喜欢文化艺术类、生活休闲类图书，研究生学历的读者更喜欢阅读人文社科类的图书。随着收入的增长和学历的提升，读者对经管类、人文社科类图书的需求增加，倾向于阅读专业性更强的图书。

（二）阅读动机与阅读心理

阅读动机是指美国读者阅读中国经典作品的动机，在问卷中通过“Why do you read Chinese classics”进行调查。结果显示，有56%的读者的阅读动机为“I want to know/love Chinese culture”，即因为喜爱和对于中国文化的好奇心而产生阅读兴趣，有4%的读者是出于学习中文的目的，这些都是读者自身因素的影响，反映出读者求知、求实的阅读心理。而有24%的读者是因为“Attracted by works themselves”，即被作品本身吸引，反映出读者的审美心理。这都提醒我们在经典作品的开发过程中，要注意作品内容的选择，开发具有文化吸引力的作品，才能有更广泛的受众群。还有16%的读者是因为被他人推荐而选择阅读中国经典作品，我们要学会利用读者的这种社会心理，在文化输出的过程中，留意读者群体的需求与变化，及时调整营销方式，处理好读者群体内部的冲突与矛盾，确保群体沟通的有效性。

三、读者的消费属性

读者的消费属性重点考察影响读者购买意愿的相关因素。我们通过“Are you interested in reading/purchasing Chinese classic books”调查读者的购买意愿，又通过多选题“Your acceptable price of a physical Chinese classic book”调查读者的消费等级，结果如下：有 62.32% 的读者表示有阅读和购买中国经典图书的意愿，表明中国作品具备较好的受众基础。在图书定价方面，大多数读者可接受的经典图书定价为 20 美元以下，这反映了求实惠的购买心理。接近 3% 的读者表示愿意购买 50 美元以上的图书，高定价的礼品书、精品书具有一定的市场。

四、读者的行为属性

（一）读者的阅读行为与互动分享

调查结果显示，有 65.22% 的读者常用的阅读方式为纸质阅读，而 34.78% 的读者经常进行电子阅读。这为经典作品的数字化开发与传播提供了参考依据。

交往是每个个体的生存需要，个体通过社会交往实 现自我认同。从图书信息获取到读后感的分享，阅读其实也是一种互动行为。因此，分享交流作为阅读活动中的重要一环，是我们必须关注的。在问卷中我们通过设置“How did you get access to the information about Chinese classics”来了解读者对中国经典作品的信息获取情况和分享交流活动。

调查结果显示，通过“朋友、家人和工作伙伴”来获取有关信息是最主要的方式。人际传播在信息交流中所起到的重要作用不可忽视。另外，从报纸、杂志、广播和电视的推荐，以及通过搜索引擎获取信息也是读者经常采用的方式。

（二）读者的购买行为

通过上面的分析能看出，大部分美国读者还是乐于购买中国经典作品的。读者的购买情绪容易受到广告宣传的影响和诱导，进而产生购买行为，中国经典作品的传播与推广需要广告宣传。

在图书获取渠道的调查中，网上购书成为最主要的图书获取方式。线下购买中，从公共文化机构获取图书的人数超越实体书店，以图书馆为代表的公共文化机构应成为中国经典作品推广的重要渠道。

五、基于读者调查的探讨

（一）加强出版策划，深耕细分市场

调查显示，小说、传记、艺术、摄影、家居、运动保健等图书受到美国读者的欢迎，读者需求呈现多元化趋势。因此，在选题范围上尽可能多元化，兼顾趣味性与知识性。充分了解双方的文化异同，尊重、理解和接受文化差异。根据“约哈里窗口”理论，传播双方对彼此信息的了解情况，可分为开放区、盲区、封闭区和未知区四大区域，分别表示在“开放”“盲点”“封闭”“未知”四种传播情况下，人际互动与信息各自所处的状况和地带。传播效果与各区域的大小密切相关，盲区和封闭区小、开放区大自然有利于传播。因此，在跨文化传播中，首先要缩小盲区和未知区，其次要缩小封闭区，扩大开放区。20 世纪 80 年代美国和加拿大的图书中，华人常常扮演毒贩、流氓等反派角色向西方国家输出贫穷、散布灾祸。这就需要我们在传播中使用融通中外的新概念、新范畴、新表述，展现中国形象，改变外国人

的错误观念。

首先，坚持正确的价值观导向，策划能塑造良好国家形象的作品。图书选题需兼顾历史与当下，既宣传中国悠久厚重的历史，又要注重展示当下中国的发展成就。古典小说四大名著作为影响力最大的中国经典作品，仍要作为“走出去”的重点书目。在内容上根据读者的年龄、文化差异进行改动，开发绘本版和简写版。展现中国抗疫成果的图书可以作为重点来开发，塑造中国在抗疫斗争中的国际形象。

其次，满足小众需求，深耕细分市场。调查发现，男女阅读需求差异大，小众化阅读需求增多。汉语热、汉服热在国外兴起，这都是我们策划选题的方向。具体操作上，出版单位挖掘数据，分析网民的购买、访问记录等信息，了解其消费偏好、行为习惯；利用情感分析了解圈子内成员对相关议题的情感态度与意见，把握阅读趋势；在图书推广时，寻找与目标读者能产生共情的元素，吸引更多潜在读者。

（二）创新出版形式，开发图书资源

调查发现，尽管美国的数字阅读如火如荼，纸质书仍是阅读的首选。56%的读者阅读动机为对中国文化的喜爱和好奇。创新出版形式，是经典作品“走出去”的重要路径。

首先，加强VR、AR图书的出版。与单一的文字叙述相比，VR、AR图书以精美的3D画面以及沉浸式体验打破文化壁垒，获得海外读者欢迎。经典作品中的童书，医学类、工学类专业书籍都可通过此种方式来拓展。尤其是绘本类童书，更适合以VR、AR技术来出版。读者用手机扫描二维码将图片投射至现实场景，借助VR眼镜进入书的世界。医学类、工学类的专业书籍通过计算机技术将模型真实、直观地展现出来，让研究变得更简单。浙江摄影出版社《诗意栖居——在“浙”里看见美丽中国》

综合运用5G、VR等计算机技术，全景式地展现了“千万工程”实践的壮阔图景，并辅以音频、视频等进行讲解，赋予用户多角度、深层次、真实在场感受社会发展的新奇体验。

其次，强化有声书的开发。根据皮尤调查数据，自2016年以来，美国电子书的阅读人数有所下降，电子书的使用率只有5%，有声书表现出强大的潜力。2018年，哈珀·柯林斯出版社有声书的获利占整个数字出版业务的25%，西蒙·舒斯特的有声书利润增长43%。各大流媒体公司也瞄准这一市场，苹果、谷歌在阅读应用里加入了有声书板块。有声书的范围不断扩大，从神秘故事、短篇小说到励志类音频、原创类音频，从单一“念”书到全演员表演，为受众提供了丰富的选择。中国有声书的题材与演说方式也需要多样化、趣味化，既要有舒缓心情的睡前读物，也要有休闲健身的娱乐小说。某些经典图书、特色图书可以授权国外学校、公共图书馆免费使用，扩大图书知名度，传播中华文化。

（三）提升翻译水平，增进文化认同

调查发现，中国经典作品“走出去”很长时间被局限于地缘亲近、文化同源的东亚文化圈内。语言是文化产品对外传播的第一道障碍，文本翻译要做到信、达、雅。对于经典作品而言，文本翻译水平高低直接影响其被读者理解和接受的程度。美国人类学家霍尔将文化分为高语境文化与低语境文化。中国文化作为高语境文化，符号的意义隐含在语境当中，翻译难度高，无法用直接、外在的语言进行表达。针对翻译难的问题，首先要完善翻译机制，文本翻译可以由中外两方的译者合作完成。第一步是由中国的本土译者根据作品内容将中文翻译为外国语言；第二步需要将翻译好的作品交给外国语言的翻译者，让他们在确保读者充

分理解原文含义的基础上进行文字润色、语境调整和专有名词修改。①

其次，由官方组织建立中文翻译词库，对具有中华文化特色的语句，固定翻译格式，使其变成固定符号，为海外读者构建共同印象，以达到更好的传播效果，如“KONGFU”就特指“中国功夫”。

（四）拓展宣传渠道，构建全媒体传播矩阵

问卷调查发现，44%的美国读者通过报纸、杂志、广播、电视等媒介了解经典作品的相关信息。在新媒体时代，经典作品“走出去”仍需重视该渠道。具有全人类共同价值的经典作品，可以借助社交媒体进行宣传。在传播体系的构建上，以政府机构或出版集团为单位在 YouTube、Instagram、Facebook 等社交媒体上注册账号，宣传中国经典作品，通过专业化运营聚合受众，打造属于中国出版/文化的“关键意见领袖”（key opinion leader，简称 KOL），“影响有影响力的人”。在传播形式上，可以运用图片、漫画、短视频等多类型。以短视频为例，视频可以抓住经典作品涉及的某个知识点、图书的创作背景进行趣味拓展。人民文学出版社的两位编辑在视频中效仿《疯狂动物城》里的动画角色，采用问答的形式指出四大名著的亮点，“短视频不再是一板一眼地推荐图书，而是变成一出活泼生动的情景剧，造成视觉表现的奇观化和变异化”。

调查结果显示，读者通过“朋友、家人和工作伙伴”来获取有关信息是最主要的方式，占比达到 72%。建立社群可以满足读者的交流欲望和出版单位的宣传需求。出版单位利用社交媒

---

① 禹建湘、汪妍：《从“丝路书香出版工程”看中国出版“走出去”：文化折扣与文化增值》，《出版广角》，2019 年第 19 期，第 9 页。

体账号引流，给社群成员提供交流分享的平台。条件成熟时，可以将作者引入社群，定期与社群成员交流分享。

调查发现，除网上购书外，公共图书馆与实体书店是美国读者获取中国经典作品的主要途径，分别占 47.83% 和 43.48%。国内出版单位可以与官方媒体、书店以及图书馆合作，定期开展中国文化专题展，根据展会主题推荐经典作品，展览现场可以设计互动游戏或比赛项目。

第五章　中国图书国际传播的模式

从拉斯韦尔传播模式理论来看，中国图书国际传播具有“送出去”“卖出去”“融出去”三种模式。结合案例，分析这些传播模式，对于文化“走出去”具有重要借鉴意义。当代文学是社会、生活的集中反映，在中国图书国际传播中具有特别的价值。“一带一路”倡议提出后，当代文学在“一带一路”沿线国家的传播得到格外重视。在政府的引导下，我国出版界在这方面进行了实践探索，分析经验总结教训，提出创新举措，对于进一步改善优化模式十分必要。“一国一策”是中国图书国际传播模式探索的要求，在这方面取得了不少成绩，有了成功案例。俄罗斯是我国重要的周边国家，也是“一带一路”重要的沿线国家，中国图书在俄罗斯的传播，走过了漫长的历程，在本土化方面有着丰富的经验，也有教训，同时需要基于此进行创新。中国图书国际传播的三种基本模式，加上一个内容传播模式和一个国家本土化模式，组成中国图书国际传播模式的系列分析判断，构建起这方面理论和实务的基本认识。

第一节　“送出去”：政府主导模式

“送出去”指由我国政府主导的选送中国图书给国外读者阅读，进而达到文化交流目的的传播模式。这是全世界普遍存在的一种文化交流传播方式，在新中国发展的各个阶段都在实施，当前也很重要。

一、传播要素分析

第一，“送出去”的主导性传播主体是我国政府。政府决策、决定、管理这种传播。在非市场经济环境下，由政府机构执行这种传播。譬如，外文局是中央所属事业单位，是我国历史最悠久、规模最大的专业对外传播机构，该部门在计划经济条件下是传播推广中国图书的单一渠道。就是在市场经济条件下，外文局领导的中国国际出版集团，依然是重要的对外出版主体。同时，其他出版发行机构，包括一些民营图书公司，也加入为政府组织的“送出去”服务的队伍中。

第二，“送出去”的传播内容是充分体现主流价值观的中国图书。我国政府通过顶层设计确定这类图书的范围和标准，通过法律法规和制度等确保这类图书的内容符合和反映主流价值观。

第三，“送出去”的传播对象是国外的友好人士，特别是心向我国的国外大众。改革开放前，美国和苏联主宰世界格局，我国“送出去”的传播对象重在“第三世界”国家的人群。改革开放后，我国更好地融入世界，“送出去”的传播对象重在发达国家的人群。在新时代，紧跟世界格局的变化和我国走向世界的顶层设计，“送出去”的传播对象重在“一带一路”沿线国家的人群。

第四，“送出去”的传播渠道是图书以及与图书相关的活动。主观上，“送出去”期盼在认知情感、行为等方面影响读者；客观上，“送出去”在图书相关活动上投入不够，着力不多。近年来，“送出去”本身的影响功能得到重视，与“送出去”图书相关的活动增多。

第五，“送出去”的传播效果是让国外读者阅读中国图书，了解中国的情况，理解中国的立场、价值观和想法。改革开放前的一段时期内，中国的“第三世界”“和平共处五项基本原则”等话语具有相当大的影响，形成了话语权，与此相关的“送出去”的图书得到国外读者青睐，产生了相当大而持久的影响，特别在非洲一些国家。改革开放后的较长时期内，韬光养晦的原则贯彻，我国的话语构建和话语权有限，“送出去”的图书影响力有限。新时代，伴随综合国力的增强和对外战略的调整，“送出去”的图书传播效力又日益增强。

二、优劣势分析

优势一，以我为主，可控性强。尽管“送出去”免不了被动满足某些国家的主动诉求，但是更多的是我国主动为之。“送出去”从缘起到过程，除了传播效果外，其他传播环节都能掌握。实际上，依托和顺应我国的战略意图和战略优势，“送出去”的补充作用和联动效应明显。

优势二，为我服务，目的性和针对性强。“送出去”目的确定、目标明晰，充分体现了我国的意图，充分表达了我国的意志，充分服务于我国的战略。

劣势一，刚性实施，活力不足。“送出去”体现主观意图，是对顶层设计的执行，往往附着于某种战略，因此发挥空间有限，难以充分体现操盘者的主动性和积极性。

劣势二，忽视对象，效果有限。“送出去”的主观性决定了对传播对象考虑得不充分，了解也不够。另外，无论是从对象本身，还是从我国传播与服务能力看，“送出去”的传播对象数量有限，影响范围窄，影响力较弱。

三、典型案例分析

在中国图书国际传播的众多项目中，“大中华文库”无疑是规模最大、持续时间最长、最成功的一个。1994 年，“文库”由中宣部、国家新闻出版署正式立项，到目前已近 30 年，该项目仍在继续出版。先后有 31 家出版机构参与，出版了汉英对照“文库”104 种图书，213 册，包括 112 种中国古代典籍；出版了汉俄对照、汉法对照、汉德对照、汉西对照、汉阿对照、汉日对照、韩汉对照的“文库”210 种；列入国家出版基金项目即将出版的“一带一路”语种版的“文库”有 84 种。“文库”在国际上已经产生了重大影响，成为国家标志性的对外出版工程。

“文库”是典型的“送出去”项目，在出版过程中呈现出以下特点：

一是政府高度重视、长期支持。1994 年，新闻出版署批准“文库”立项；2000 年，“文库”列为“十五”国家重点图书出版规划的重大出版工程；2005 年，中共中央办公厅、国务院办公厅在《关于进一步加强和改进文化产品和服务出口工作的意见》（中办发〔2005〕20 号）中，明确要求抓好大型对外出版工程“大中华文库”的翻译出版工作；2004 年 8 月和 2005 年 8 月，国务院总理温家宝先后两次写信给“文库”工委会，高度肯定“文库”的出版工作；2011 年，“文库”被列为国家出版基金项目；2011 年 12 月，中宣部、国家新闻出版总署在人民大会堂隆重举行表彰大会，表彰“文库”；2016 年，新闻出版广电总局下文，支持“文库”继续出版多语种图书，服务“一带一路”建设。很少见到国家对哪一个出版项目如此重视，支持如此持久。

二是出版机构积极响应，骨干单位长期坚守。“文库”规模宏大，出版延续时间很长，少数出版单位难以承担。1995 年开始，外文出版社、湖南人民出版社等出版机构承担了第一批图书的出版任务，在 110 种汉英对照的“文库”图书中，湖南人民出版社承担了 24 种，外文出版社承担了 21 种，这两家出版社承担了 40% 的品种的出版，并坚持参与“文库”出版工作至今。从 2000 年开始，外研社、中华书局、人民文学出版社、军事科学出版社、商务印书馆、岳麓书社、五洲传播出版社、中国对外翻译出版有限公司等 28 家出版社陆续加入“文库”的出版。能够动员如此多有影响的国内出版社积极参与，骨干出版单位能够长期坚守，是“文库”运作的一大特点。

三是立意高远，紧跟国家战略。中国古代典籍的外译已经有几百年的历史，《论语》《老子》这些典籍在明末清初就开始翻译成外文流传到西方，但都很零散而不成系统。“文库”把系统全面译介中国古代典籍、传播中华优秀文化作为出版宗旨，这在 20 世纪 90 年代是非常具有远见的。当 2007 年，汉英对照版“文库”的出版进入后期的时候，国家进入了全面对外开放时期，“文库”工委会及时启动了汉语与联合国另外四种官方语言法语、俄语、西班牙语、阿拉伯语的对照版本，以及汉语与德语、日语、韩语等另外三种语言对照的多语种版“文库”的出版。2016 年，汉英对照版和多语种版“文库”完成出版之后，工委会配合国家与国际社会共建“一带一路”，启动了“文库”“一带一路”语种版的出版。

四是采用鲜明的中国元素，体现国家水准。“文库”工委会以严谨求实精神，“整体规划，统一实施”，经过反复调研论证，精选了 110 种中国典籍，内容涵盖了哲学、文学、历史、政治、经济、军事、科技等各个领域，时间上从先秦到清末，体现出全面系统的特征。“文库”的中文版本非常精良，都是精选学术界公认的权威版本加以仔细校勘。"文库"外文翻译精益求精，组织国内外的专家进行翻译，或者选择国际学术界认可的译本进行审校，以中文和外文对照的方式出版。"文库"的装帧设计采用了鲜明的中国元素，封面上的故宫门环、黄河壶口瀑布以及书脊上的长城图案，使"文库"具有中国气派。

"文库"在树立国家文化形象上取得了成功，下一步的努力是如何开发国外的阅读市场。"文库"的出版还在继续进行着，目前的译本得到了学术界、翻译界的肯定，如何在现在的基础上推出适合国外普通读者需求的译本，如何在纸质读本的基础上开发适合当代阅读需求的新产品，将是"文库"面临的崭新的课题。

第二节　"卖出去"：市场主导模式

"卖出去"指国外市场主导的把中国图书卖给国外读者的传播模式。这是当前主流的典型文化传播方式，在理念上得到国外特别是发达国家的认同、接受，在实践上存在诸多挑战。在市场经济条件下，中国图书必须通过卖出去实现价值，面对传播推广的环境、条件、体制、机制等方面的差异，熟悉、懂得中国图书的"卖出去"模式是基本功、必修课。

一、传播要素分析

第一，"卖出去"的传播主体是我国企业和国外企业。我国的出版发行企业可以将图书直接或通过国外的代理卖给国外读者，当前基本上靠国外的企业为国外的读者提供服务。因而作为市场主体的一部分，在相对完善的市场经济环境下，国外的出版公司和图书销售公司是中国图书"卖出去"的操盘者。国外的出版产业集中度高，极少数出版集团占有出版产业的大部分份额。大型出版集团都是跨国公司，编辑出版运营能力特别强。譬如，美国各种独立出版商超过 10000 家，但主要的出版公司是兰登书屋、哈珀·柯林斯、时代华纳、西蒙·舒斯特等几家。

第二，“卖出去”的传播内容是根据国外的价值观、适应国外读者口味和趣味、按照国外标准选择的中国图书。总体来说，“卖出去”的传播内容在政治色彩上不能浓厚，某些在文化上猎奇且偏向非主流文化的读物有可能受到追捧。

第三，“卖出去”的传播对象是国外的消费者，包括读者和机构购买者。这些读者和机构对中国的态度是好感、好奇或反感。好感者的需求是了解真正的中国，理解中国的话语，在懂得中国的情况下加深认同。好奇者的需求是满足自己的心愿，形成对中国的印象和认知。反感者的需求是找到批评甚至批判的话题和素材。

第四，“卖出去”的传播渠道包括载体图书、图书销售体系和推广体系以及相关的传播通路和方式方法。“卖出去”的传播渠道处于外国特别是西方发达国家图书运营体系中，尽管受制于图书规模而未能将这种成熟体系的能量发挥到极致，但传播渠道的基本功能得到充分利用。

第五，“卖出去”的传播效果是通过售卖中国图书为国外的出版企业带来利润，客观上读者接受与我国相关的信息，形成对我国的认知和形象塑造，但往往被误导而形成误解。

二、优劣势分析

优势一，适应读者，渗透性强。“卖出去”模式调研读者、了解读者、懂得读者，以读者的需求为编辑出版运营的基础，以满足读者的需求为中心。“卖出去”的图书和读者的需求匹配，得到读者的青睐，利于读者接受和被影响。

优势二，满足市场，经济效益可期。“卖出去”模式遵循市场逻辑，实施目标市场策略，满足市场需要。“卖出去”的图书往往因运作的成功带来较大的销量，也因销量的规模性带来预期的经济效益。

劣势一，为对象国所用，价值观西化。尽管“卖出去”模式的基础是中国图书，但是，我国编辑出版的适合国外读者的出版物很有限，国外编辑出版后的我国图书往往素材犹在，而核心已失，被融入国外的意识、意志，价值观西化，服务于对象国。

劣势二，为国外企业所为，我方失控。因为在国外的传播主体主要是国外的出版企业，因此无论是过程还是结果，都由它们控制。国外的出版企业本质上服从和服务于国外的利益，在包括翻译在内的传播过程中融入国外的价值观、精神等，而我方因为无法掌握而无能为力。

三、典型案例分析

莫言的中篇小说《红高粱》1984 年末成稿，首发于 1986 年第三期的《人民文学》，当年的《小说选刊》《中篇小说选刊》《新华文摘》转载，获该年度全国优秀中篇小说奖。1987 年，加上《高粱酒》《高粱殡》《狗道》《奇死》，结集为《红高粱家族》，由解放军文艺出版社出版。1988 年，在台湾省由范洪书店出版。2000 年、2002 年分别收入人民文学出版社出版的“百年百种优秀中国文学图书”、山东文艺出版社推出的“东岳书库”。对应《红高粱家族》和《红高粱》的外语版本十多个，包括法语、英语、韩语、日语、希伯来语、德语、瑞典语、西班牙语、挪威语、越南语、意大利语等语种，其中，1989 年的日语版《红高粱家族》是最早的外语版本；1990 年法语版《红高粱家族》问世；1993 年英语版《红高粱》由企鹅出版集团所属的维京出版社和海尼曼出版社出版，1994 年分别在纽约、伦敦和澳大利亚的林伍德推出英语版《红高粱》，加上 1994 年密涅瓦出版社在伦敦和新西兰的奥克兰推出的英文版《红高粱》以及 2003 年阿罗出版社出版的英译本《红高粱》、2012 年拱廊出版社推出的版本，《红高粱》英文版多处开花，全球销量数万册。莫言在国外获得诺贝尔文学奖、法国“Laure Batailin 外国文学奖”、法国“文学艺术骑士勋章”、日本“福冈亚洲文化大奖”、美国“纽曼华语文学奖”等奖项和荣誉。《红高粱家族》和《红高粱》海外传播的成功创造了“卖出去”模式的典型案例，具有重要的标杆和标本价值。

《红高粱家族》《红高粱》的文本质量是其“卖出去”的基础。小说的背景是抗日战争，一条线索是抗日，一条线索是爱情。小说的环境是高密东北乡的风土人情。小说富有中国文化色彩，张扬积极向上的生命力和自由、创造的个性精神。张清华说：“很显然，无论在任何时代，文学的‘国际化’特质与世界性意义的获得，是靠了两种不同的途径：一是作品中所包含的超越种族和地域限制的‘人类性’共同价值的含量；二是其包含的民族文化与本土经验的多少。”《红高粱家族》《红高粱》契合了其中一条途径。从文学艺术质量看，小说丰富的内容、精当的艺术品质、丰沛的表达张力等充分体现了莫言的艺术创新精神。

翻译是《红高粱家族》《红高粱》“卖出去”的重要条件。其中，葛浩文的英译具有代表意义。葛浩文的翻译强调归化，通过删译、改译等方式对小说进行二次创造，消除了中西文化差异甚至碰撞带来的隔阂和不适，易于被英语读者接受。尽管这种译法弱化了小说中的中国文化色彩，削减了其中国味道，但作为“译本畅销书”，为“卖出去”提供了前提。

主流出版机构和专业经纪人的运作是《红高粱家族》《红高粱》“卖出去”的依托。经纪人制是国外文学出版的重要保障，优秀的经纪人不但能够独具慧眼地发现作家作品的价值，而且可以帮助作家处理编辑出版事宜，充分实现作家作品的价值。桑德拉·迪杰斯特拉是莫言在海外的文学经纪人，他在文学经纪方面相当优秀，不但素养突出，眼光独特，而且富有前瞻性，创造过不少成功案例。譬如，他发现法国作家塞缪尔·贝克特的独特价值，撰文加以推崇，在美国出版其作品，是这位 1969 年诺贝尔文学奖获得者的伯乐。企鹅出版集团作为世界顶级大众出版商担纲小说英文版的出版，该集团成熟的运作体系推动了小说的传播，扩大了小说的影响。

学术机构和大众媒体的推动为《红高粱家族》《红高粱》“卖出去”提供了重要推力。在国外，一批学术刊物对《红高粱家族》《红高粱》进行批评，或褒或贬，奠定了小说在学术界的影响。这些主流学术刊物有《当代世界文学》《中国现代文学和文化》《今日中国文学》等。譬如，1993 年《红高粱》英译本推出后被《当代世界文学》评选为年度“全球最佳小说”，该刊刊登《从父性到母性：论莫言的〈红高粱〉与〈丰乳肥臀〉》等文章对小说予以评论。葛浩文 1984 年创办的《中国现代文学与文化》先后多次发表诸如《红高粱家族的浪漫》《回忆或幻想：红高粱叙述者》等研究《红高粱家族》的文章。西方世界的主流大众报刊《华盛顿邮报》《纽约时报》《经济学家》《华尔街日报》等都刊登过莫言或《红高粱家族》《红高粱》的推介和评论文章。譬如，1993 年《红高粱家族》英译本首次在美国出版，《纽约时报》发表书评给予高度评价。

电影传播是《红高粱家族》《红高粱》“卖出去”的重要带动力量。1988 年，张艺谋根据同名小说改编的电影《红高粱》

获得第 38 届柏林电影节金熊奖，在国外造成强烈反响。1989 年，电影《红高粱》获得布鲁塞尔国际电影节最佳影片奖，又一次将莫言及其小说带到西方文学界的聚光灯下。电影为小说带来了企鹅出版集团，带来了小说的高知名度，带来了小说的广大读者。

当然，比照诺贝尔文学奖获奖者在我国的顶级影响和极高知名度，其代表作在我国动辄几十万册甚至几百万册的销量，《红高粱家族》《红高粱》“卖出去”的效果还远远不够，其中还有许多问题值得我们深思。

第三节 “融进去”：系统模式

“融进去”是中国政府引导，也被外国政府接受，中外企业按照市场规律共同运作的传播中国图书的模式。这种模式是以国外目标市场为基础、以国外读者为中心的传播中国图书的系统模式。

一、传播要素分析

第一，“融进去”的传播主体是中国的出版企业，包括总部在我国的出版企业和落户国外的我国出版企业以及我国出版企业控制的国外出版企业等。当前，我国共有 31 家出版集团和出版社是“融进去”的传播主体，特别是出版集团。但是，无论是出版集团还是出版社，规模都不够大，编辑出版运营能力都不够强，特别是国际化程度不高，国际适应力、发展力都较弱。尽管我国在国外已建设近 500 家出版分支机构，但大都是“融进去”的联络点，实际操作能力有限。一些出版集团在国外并购了出版机构，但大都规模较小，运营能力较弱，难以进入主流阅读圈和精英读者群。

第二，“融进去”的传播内容是体现我国价值观、国外读者接受的中国图书。“中国声音”“中国故事”“中国形象”“中国力量”等是从我国角度需要“融进去”的传播内容，中国传统文化、中国当前的现实特别是经济发展情况等是国外读者需要的传播内容。我国角度和国外读者需要相重合的部分是“融进去”首选的传播内容。

第三，“融进去”的传播对象是国外对中国图书感兴趣的读者和机构。在国外的精英和主流人群中，有一批理性者，他们具有较强的了解、理解我国的需求。这群人尽管数量有限，但是影响力大，是“融进去”的重点人群。在国外的大众中，因为对我国感兴趣，同时希望通过进入我国发展的大潮中受益的人群，他们是“融进去”的主要人群。国外的华人华侨是“融进去”的依靠人群，因为同种同源具有接近性和亲近感。

第四，“融进去”的传播渠道是中国图书阅读推广和销售服务等。近年，我国加强了国外传播渠道建设，提高了渠道传播能力，但整体实力和能力有限，尚待强化和突破。

第五，“融进去”的传播效果是通过国外的读者和机构阅读中国图书，较为准确、全面了解我国，理解我国的价值观，构建我国对外传播的话语和话语权，形成对我国的正面形象。

二、优劣势分析

优势一，整体性强。“融进去”意味着我国控制的出版企业适应和融入国外的环境，这种融入的系统性必然形成整体性。无论是从组织到生产，还是从内在到外在，“融进去”的图书及其相关活动互相促进，相辅相成。

优势二，效果好。“融进去”模式的系统性产生结构功能，这种功能创造好的效果，既表现在“融进去”的图书适应国外的环境而给国外读者、社会带来积极的影响，也表现在它们给我国营造融入国外的氛围进而成就话语和话语权。

劣势一，投入大，周期长。因为没有一定的规模和在特定领域的深耕，“融进去”立不住、立不久，因此在资源、资金等方面必须进行足够的投入。因为从进入到成长，从资源的积累到能力的培育，从产品的推出到品牌的形成，从读者接受到读者信赖，都非一日之功，都需要打持久战，所以周期长。

劣势二，以综合国力为基础，依赖性强。对外传播、文化产品输出的规律是从优势强势区到劣势弱势区，“融进去”离开了综合国力的支撑只是空谈。

三、典型案例分析

《狼图腾》2004年于国内出版，很快成为超级畅销书，总销量超过200万册。至今，该书被译成40多种语言，在110多个国家售卖，版权收益超100万美元，被纳入中国对外图书推广计划，是政府和业界都推崇的当代经典国外传播的典型案例。对标“融进去”传播模式的要求，《狼图腾》在如下方面表现突出：第一，顺应政府意愿，得到政策支持。2001年新闻出版业开始实施出版“走出去”战略，2004年国家推出“中国图书对外推广计划”，2006年颁布的《国家“十一五”时期文化发展规划纲要》部署“文化走出去工程”，2008年奥运会在北京召开。显然，《狼图腾》的国际化出版处于国家大力倡导和推动出版“走出去”的大潮中，处于奥运会带来的巨大国际影响力氛围中，是顺潮而动，顺势而为，也为潮和势所托所推。第二，民族性和国际性突出的主题和内容得到国外主流认同。《狼图腾》内含独特的中华民族文化，充分展示了中华文化的魅力，同时其关注人与自然、注重生态、张扬生命力等主题和内涵具有世界性。在对外传播的过程中，操盘者充分掌握国外阅读生态，充分展示小说的国际性，充分传播作品于国外读者的适应性和满足度。小说在国外的畅销和获奖，从市场和文学文化两个维度体现了国外读者特别是主流人群对作品的认同和接受。第三，以我为主的掌控式运作。《狼图腾》的对外传播起于项目责任人安波舜的对外推广文案，该文案将小说的主题定位为人类化，立于国外出版方的立场分析目标市场和读者的阅读兴趣，文案不但英语地道而且可读性极强。安波舜向国外出版公司发送文案的同时，在美国的《时代周刊》《纽约时报》、德国的《南德意志报》、英国的《泰晤士报》、意大利的《意大利邮报》等媒体上宣传《狼图腾》，以引起国外大出版公司的注意。最终，小说的英文版及其英语版转译本交由企鹅出版集团出版运营，能基于汉语直接翻译的国家和语种安波舜组织团队直接谈判掌控。因此，从出版上游看，《狼图腾》对外传播的自主掌控充分体现了其“融进去”模式的特性，而从出版中游和下游看，这种传播更多体现了企鹅出版集团对翻译的把握——名家翻译、译文一流，对运营的把控——宣传强势、多样营销，而这是“融进去”模式的重点和关键，是我国出版企业必须跨越的坎和攻克的关。

尼山书屋是山东友谊出版社创建的出版“走出去”品牌和平台，入选“丝路书香工程”，是“国家文化出口重点项目”，从2012年至今，筚路蓝缕，正走在“融进去”的路上，走出了值得总结的案例经验。首先，充分发挥企业的市场主体作用。山东友谊出版社以“传播文化，传递友谊”为使命，把自己作为国家实施出版“走出去”战略的主体，按照市场的规律和方式“走出去”，在美国洛杉矶、澳大利亚堪培拉、瑞典斯德哥尔摩等地注册成立尼山书屋国际出版公司，打造本土化市场主体。其次，根据品牌运营理念在国外传播经典。尼山书系是尼山书屋的出版品牌，包括普及系列和经典系列，主要体现“请外国人讲述中国故事给外国人听”的特色，其中《王蒙精选集》（英文版）7 卷和《论语诠解》（英文版）为对外经典传播的代表。尼山书屋的国际出版团队整合运营，扩大品牌产品的影响力。譬如，美国尼山书屋国际出版公司的总经理带领团队带着《论语诠解》走遍美国各地，让哈佛大学、斯坦福大学等十多所国际顶级大学的图书馆收藏该书。最后，打出组合拳，以多种多样的方式，让经典融入国外读者，达到润物细无声的效果。2013 年 7 月第一家海外尼山书屋在马耳他中国文化中心成立，连锁式的尼山书屋发展之路不断延伸，至今 20 多家已建成，遍布欧洲、美洲、大洋洲和亚洲，在 14 个国家扎根。尼山国际讲坛围绕尼山书系展开，服务该书系，每届都有确定的主题，在不同的国家开展，汇聚包含作者、读者等在内的出版资源。尼山国际展演充分利用尼山书屋的空间，在全球范围内以书画、摄影、我国非物质文化遗产等为内容巡回展演，为经典对外传播营造氛围、培养读者。尼山国际教育既为国外读者提供语言服务，也为他们带来我国文化的熏陶，是教育与阅读、出版的一体化。如此种种活动源于经典，服务经典对外传播，在求同存异的互相影响中展现我国经典的价值，增强我国经典的力量。尽管尼山书屋的“走出去”实践处于发展期，但是，这条“融进去”的路方向对、路径确定、效果和效益逐渐显现。

四、推进和创新举措

推进和创新中国图书国际传播的“融进去”模式是系统工程，需要以目标导向牵引实践，提高传播的针对性；需要以整合导向聚集资源、能力，提高传播的集约化程度、形成整体；需要以效果导向倒逼过程，提高效率和效能。

第一，基于公共外交形成以出版企业为核心的主体群。

西方用公共外交取代被滥用的宣传一词，没有改变对外传播的实质，没有改变对外宣传捍卫国家利益、维护国家安全的本意，但是，体现了传播主体多元化的发展趋势。传统的对外宣传主要和政府联系在一起，更多地体现为政府行为，公共外交的主体包括政府以外的企业、非政府组织和个人等，特别是非政府组织和个人在国际传播中扮演越来越多的角色，发挥越来越重要的作用。基于公共外交的思考和实践，中国图书在“一带一路”及全球的出版传播的主体，可以围绕出版企业形成主体群，在扩大主体范围和数量的同时形成合力，增强“融进去”模式的出版传播力。

根据利益相关者理论，凡与出版利益相关的主体都会助力出版传播，都是出版传播主体群中的部分。出版利益相关者包括出资人、员工、读者、经销商、供应商、竞争与合作伙伴、政府、社区等，它们和出版企业一起形成出版传播主体群。这样宽泛地界定出版传播主体群，既能更明晰地确定出版企业的核心地位（因为这些利益相关者始终围绕着出版企业及其行为），又利于在出版传播过程中充分认识到和发挥出主体们的作用。

第二，以人类命运共同体为价值观选择出版内容。

一段时期以来，西方的价值观主导全球，西方世界想方设法在强化和固化这种价值观。这种价值观的本质是西方中心主义，目的是捍卫西方的利益，在利益存在冲突时，不惜牺牲其他国家的利益。中国图书在“一带一路”及全球的出版传播需要冲破西方的价值观垄断，需要既鲜明地指出西方价值观的实质，又倡导符合我国和世界各国共同利益的价值观，重中之重是后者。2015 年 9 月，习近平主席在联合国成立 70 周年系列峰会上阐述了人类命运共同体的内涵。人类命运共同体是当下中国的国际观、全球观和世界观，基于平等、合作、和谐等理念，倡导和传扬全人类共同价值——和平、发展、公平、正义、民主、自由。人类命运共同体思想充分彰显了我国的价值观，充分体现世界性，得到了世界上许多国家的认同，被写进了联合国的文件中。

中华5000年文明源远流长，是世界上唯一没有中断而持续发展至今的伟大文明。中华文明具有鲜明的民族性，也具有极强的世界性。历史上，中华文明影响周边国家，形成大中华文化圈；欧洲文艺复兴和其后的发展受益于中华文明。正如王帆、凌胜利主编的《人类命运共同体——全球治理的中国方案》所指出的，中华文明的优秀成果既是世界文明发展的重要因素和不竭动力，也为今天众多世界难题的解决提供观念和方法论。人类命运共同体思想的来源是中国外交经验和多元文明共鉴，更是中华优秀传统文化。“天人合一”宇宙观、“天下为公”政治观、“和而不同”社会观等，深刻体现中华文明的核心——“和”文化，而“和”文化是人类命运共同体的重要源头。作为中华文明的载体，不计其数的中国图书标举中华文明的成果、反映我国的主流意志、包蕴全人类共同价值观，足以让世界各国人们分享，足以造福世界。

第三，按照目标市场策略确定读者群。

宏观而言，中国图书在全球的出版传播是我国对外战略和关系体系中的一部分，服从和服务于这种战略和关系体系。就对外战略区域格局来说，大国是关键，周边国家是首要，发展中国家是基础，而“一带一路”建设国家具有特别的地位。中国图书在全球的出版传播的目标区域市场按照对外战略区域格局展开，根据两重标准优先确定：目标区域具有融入的基本环境和条件，诸如对我国的态度和友好程度、出版传播的法治条件、社会和经济基础等；我国在出版上具有相对优势，譬如出版资源、出版模式、出版运营、出版能力等方面的操盘力和掌控力。近年，我国出版配合“一带一路”倡议，在“一带一路”建设国家加大经典出版传播力度，取得了良好效果，是我国在这些国家的重要舆论支撑力量来源。

具体而言，在目标区域市场确定读者群遵循结构性、层次性、优先性。所谓结构性，即目标国家的读者群由细分群体按照一定的方式组成。读者群的细分标准多样，有按阅读条件、趣味区分的，有根据购买力区分的，还有凭影响力大小区分的，每个细分读者群都有其意见领袖，由他们代言。主流人群是读者群中的意见领袖，对读者和社会产生主要的决定性的影响力。中国图书在全球的出版传播要能影响主流人群，要通过影响主流人群影响其国家和社会。所谓层次性，即目标国家的读者对应中国图书显现出不同的层次，譬如就熟悉程度来说，从不了解到了解，从了解到理解，从理解经典的知识到精神，从理解经典本身到掌握中国文化精神，不同层次的读者的要求和表现不一样。所谓优先性，即出版传播中国图书对应细分读者群，有序实施可以事半功倍，产生倍增影响力的效应。譬如，在开始阶段，目标国家的华人华侨是优先传播人群，因为接近感和亲近性意味着这群人对中国图书的可接受性强，而这群人接受后可产生再传播效应。

第四，根据跨文化传播理论创新出版传播方式。

跨文化传播理论承认和尊重文化差异，认为随着“地球村”逐步形成、人口流动更加频繁、新技术带来更便捷的生活等，文化差异引起的文化矛盾、文化冲突会越来越多。这意味着改善跨文化交流的重要和必要，意味着懂得自己的文化、在互动和反馈中用心了解对方文化、促进交流的灵活性、善于处理文化冲突、学会文化适应成为跨文化传播的基本功和必需的方式方法。跨文化传播理论应成为中国图书在全球的出版传播的基本观念，需要立足文化差异、追求文化融合，需要在出版传播方式的创新中抛却桎梏、舍弃刻板印象，需要在充分的对话中创造彼此的舒适区。

创新中国图书在全球的出版传播方式集中体现在三个方面：第一，出版物的本土化适应是中国图书在全球出版传播的基础。按照人类命运共同体的价值观选择合适的中国图书，准备了进入目标国家的内容前提，内容的译介、表达方式的选择、设计包装等也极为重要。出版物适应性的要求体现为产品适合目标国家的读者，底线是他们不反感，目标是他们喜欢、愿意购买、愿意阅读。目标国家的文化是中国图书落地的土壤，中国图书的内容和目标国家的文化形式结合，目标国家的读者就能因为感到亲近、亲切而接纳、吸收。第二，渠道和平台是中国图书在全球出版传播的关键。出版物流通、出版物信息传播、出版活动、出版物宣传和推广等渠道和平台，是中国图书在全球出版传播的必要条件。不管是自建，还是借力渠道、平台，文化融合，对于中国图书在国外实现“融进去”都很重要。这种文化融合指出版物、出版信息、出版活动等与渠道、平台的适应，也指在这一过程中操办人员与渠道、平台人员等交流的顺畅、和谐。我国在国外发展的中国图书出版传播企业要积极构建渠道和平台，要积极借助国外的渠道和平台，要通过出版、出版物特别是出版活动融入目标国家的阅读中，融入目标国家的读者中。第三，数字技术等新技术为中国图书在全球出版传播提供了便利，但是，这种便利往往因为过程简化、速度快，带来更多的文化冲突。因此，既充分获取新技术红利又充分运用跨文化传播理论，成为中国图书在全球出版传播企业的必修课。充分借力新技术才能帮助这些企业走得快，充分理解跨文化传播理论才能帮助它们走得稳。如俄罗斯尚斯国际出版社，2019 年 7 月 5 日的《中国新闻出版广电报》“一家中国书店的洋故事”对该社作了报道，这是中国民营力量在俄罗斯创办的，目前是俄罗斯出版中国主题图书最强的三家社之一。该社除了主要负责人，整个团队都是俄罗斯人，推出了一批批适应俄罗斯读者需要的中国图书，以尚斯博库中国主题书店为平台，让读者免费品尝中国工夫茶，免费举办汉语、太极、中国书法、围棋培训班等服务项目，创建线上书店和出版活动平台，不断开展各种阅读推广活动，在全面融入俄罗斯社会和读者中的同时，实现了中国图书出版传播的“融进去”。

第五，通过“涵化”提升出版传播效果。

“涵化”指不同文化间相互接触后发生变化的结果。文化接触对于个体来说，既有因陌生带来的焦虑和压力，又有适应后享受多样文化的愉悦。中国图书在国外出版传播时，既因为主导内容选择而体现我国的意志，也因为图书的民族特性而维护中华文化的精神内核；既因为尊重目标国家文化而借力其文化形式，也因为适应目标国家读者而本土化表达和表现。在接触中国图书的过程中，目标国家的读者难免因为异域异质文化焦虑。帮助国外读者克服焦虑、度过适应期，是我国出版企业应提供的基本服务。

读者参与体验性活动是提升中国图书在“一带一路”及全球的出版传播效果的有效“涵化”方式。这种体验性活动围绕中国图书展开，以中国图书为脚本或依据，其中包括充分的对话、表演等互动。影视等对中国图书的激发和带动效应是特别的读者参与性体验，在观看关于中国图书的影视时，读者感受了中国文化，体会到中国图书的趣味和魅力，进而亲近和阅读中国图书。

中国图书在中国文化和精神中的地位和价值，使得它们在对外传播中具有特别的功能，这种功能的实现意味着传播效果和效益的达成。中国图书在全球的出版传播过程中，“润物细无声”的“涵化”影响读者和社会，助力在目标国家构建关于中国的话语体系，并在这种话语的倡导中促进中国话语权的形成，推动中国国家形象的积极塑造。

第四节　中国当代文学在“一带一路”沿线国家的传播创新

“《红楼梦》流播俄罗斯200多年历经坎坷，在俄罗斯不同的历史时期表现出学习工具、历史认知、文学审美、传统文化、政治功利等多重价值。”① 同《红楼梦》一样，中国当代文学在“一带一路”沿线国家也具有重要的传播价值。2015年5月21日，《人民日报》海外版创刊30周年之际，习近平总书记做出重要批示，要求对外传播“锐意创新，用海外读者乐于接受的方式、易于理解的语言，讲述好中国故事，传播好中国声音，努力成为增信释疑、凝心聚力的桥梁纽带”②。创新当代文学在“一带一路”沿线国家的传播，实现其传播价值，是学界的重要课题，也是业界的重要任务。

一、背景：新旧影响并存

第一，趋势——“一带一路”大时代。

---

① 李锦霞．《红楼梦》在俄罗斯传播中的价值取向问题［J］．河北工业大学学报（社会科学版），2013（2）：51.

② 人民网．习近平就人民日报海外版创刊30周年作出重要批示［EB/OL］［2018－10－26］．http://politics.people.com.cn/n/2015/0521/c1001－27038345.html.

“一带一路”倡议是中国全球化的重要思想和实践，引领中国和“一带一路”沿线国家进入共商共建共享的大时代。“五通”是大时代的基础，合作是大时代的路径，共同发展是大时代的目标。大时代意味着一种趋势，即“一带一路”沿线成为世界发展的重心，这里市场勃发、资源聚集、机会增多。大时代孕育和催生需要，这种需要是变化、发展和实现梦想，是向倡议的发起者和主要推动者中国聚拢。大时代的趋势需要创新和创造世界文化，同时其价值观、理念等需要文化的支持，特别需要通过文化传播让民心相通，助力建设。这为中国当代文学在“一带一路”沿线国家的传播带来了巨大的空间和重大的机遇。

第二，状况——多样复杂的环境。

“一带一路”沿线国家分布于亚欧非三大洲，自然环境、资源禀赋、人口结构差异大，意识形态、政治体制和制度不同，经济发展水平不一，社会治理处于不同层次，特别是民族、宗教、文化的状况复杂。世界古文明居于此，世界主要宗教源于此，世界主要文化圈存于此。这里汇聚46个非通用语种（相当一部分是民族语言），风俗习惯、生活方式迥异，显在、隐性冲突多。多样复杂的状况容易带来人际、组织间的误读和误解，是中国当代文学在“一带一路”沿线国家传播时必须直面的坎，会为这一传播增添不少困难和障碍。

第三，历史——多重、深刻的被影响烙印。

“一带一路”沿线，诸如越南、韩国等国家深受中华文化影响，属于大中华文化圈。苏联的加盟共和国，不管现在是否属于独联体，都留下了俄罗斯的痕迹。西方中心主义存在于绝大部分国家，一则因为不少国家曾是西方的殖民地而深受其影响，二则因为西方近百年来的绝对强势和霸道产生了无孔不入的影响力。西方中心主义不只是西方的意愿和目的，还成为这些国家的集体意识。这三股影响力或部分或全部作用于某个国家，削弱了这个国家文化的单一性和纯粹性，增加了文化传播的复杂性和难度。中国当代文学在“一带一路”沿线国家的传播，既要清楚对象国的传统，也要清楚对象国的被影响烙印；既要利用中华文化影响形成的有利基础，以达成更有效更高效的传播，又不能出现“中国当代文学中心主义”倾向，还要削弱和避免其他烙印带来的“文化定式”的阻滞作用。

二、现状：相对困难的局面

第一，结构不显，存在感弱。

在“一带一路”沿线国家传播的中国当代文学数量不多。以富有代表性的“经典中国国际出版工程”为例，2016 年、2017 年、2018 年资助项目数分别为 126 项、87 项、101 项，其中针对“一带一路”的中国当代文学作品分别为 11 项、1 项、1 项。除了中国政府组织的翻译行为之外，中国当代文学在“一带一路”沿线的许多国家得到的翻译和出版极为有限。在“一带一路”沿线国家传播的中国当代文学整体质量不高，这一方面表现为这些作品不能代表中国当代文学的水平，另一方面体现在翻译质量参差不齐。中国当代文学在“一带一路”沿线国家的传播没有结构意识，更没有形成结构，既没有基于中国当代文学的内容或体裁等标准选择作品并使之成为体系，也没有针对对象国或对象国读者的需要推出富有结构性的中国当代文学作品群。因此，整体来说，中国当代文学在“一带一路”沿线国家露面机会少、存在感弱，在一些国家甚至被忽略。

第二，效果不佳，影响力弱。

在“一带一路”沿线国家传播的中国当代文学总量和种均销量都少。除了由市场占有率较高的出版机构推出的少量品种，大部分中国当代文学作品尽管由大学出版社等出版了，但几乎都止于圈子里，主要供研究和资料积累之用，印量少，销量更少。2015 年，中国画报社莫斯科分社对莫斯科市中心的六大书城进行调研，共 333 本中国图书在架，其中中国当代文学只有莫言的《丰乳肥臀》《生死疲劳》《酒国》等①。在“一带一路”沿线国家传播的中国当代文学几乎没有畅销书，没有多少给读者留下深刻印象的精品，没有多少读者参与的传播活动，更没有现象级的阅读事件、阅读活动和阅读品牌。无论是“一带一路”沿线国家的读者，还是专业的评论家，都较少对中国当代文学发表评论，对象国的媒体上很少看到中国当代文学的消息和评论，中国当代文学给予对象国的获得感差，更谈不上产生较大的影响力。

第三，可持续性不强，发展力弱。

中国当代文学在“一带一路”沿线国家的传播主要靠政府的推力，以“送出去”为主。国内的出版社积极性不强，往往是得到国家资助就做，被任务指标压着不得不做甚至为此做假。国外的出版社因为不能得到回报所以动力不足，或者因为是政府间的出版合作为出书而出书，或者和国内的出版社合作以分享政府的资助。因为没有潜心探索和寻找合理有效的发展模式，所以中国当代文学在“一带一路”沿线国家的传播，小、平、快的短期行为多，培养读者、引导阅读、耕耘市场的长期作为少，在对象国没有造就读者群，没有成就运营模式，没有探索出发展道路。既没有出版传播主体的推力，又没有读者的拉力；既没有发展的自主动力，又没有市场的活力，因此，当代文学在“一带

① 隋艳．中国当代文学在俄罗斯传播现状和建议［EB/OL］［2018－10－27］．https：//mp. weixin. qq. com/s? _ _ biz = MzAxMDA5ODczNg% 3D% 3D&idx = 1&mid = 2652341842&sn = 02d9e6bb41e6b75cd6e376c02f2530dc.

一路”沿线国家的传播较为艰难，尚处于起步阶段。

三、原因：文化自觉、文化理性、文化自信不足

第一，想不到——认识不到位局限了中国当代文学的传播空间。

中国当代文学在“一带一路”沿线国家传播的认识不到位是文化自觉问题，表现为：不能把中国当代文学的传播和“一带一路”倡议充分对应，将文学和时代使命融合；不能把中国当代文学的传播深扎于思想深处，将文学和思想影响融合；不能把中国当代文学的传播优势充分发挥出来，将文学和通路融合。没有想到“一带一路”大时代于中国当代文学传播的利好，没有想到中国当代文学传播思想、传递影响的特点和优势，也就发现不了或不能充分发现中国当代文学在“一带一路”沿线国家的传播机遇和空间，更不会自觉自愿地投入这一传播行动中。

第二，看不到——信息不对称限制了中国当代文学的传播作为。

中国当代文学在“一带一路”沿线国家传播的信息不对称是文化理性问题，即因为文化理性缺失或不足导致没有或没有充分进行实证调研，没有或没有充分了解和懂得区域、市场、读者的情况，没有或没有充分用数据和事实支撑传播行为。在“一带一路”沿线国家传播中国当代文学时，既有不愿意看清目标市场的态度问题，也有未认真投入调研的执行问题。因为缺乏文化理性，所以传播行为盲目，也就难有传播作为。

第三，做不到——能力不充分弱化了中国当代文学的传播效果。

中国当代文学在“一带一路”沿线国家传播能力不充分的根源在于没有充分的文化自信，这主要包括三个方面：其一，对

中华文化不自信，特别是对承载当代文化的中国道路、中国制度、中国模式等没有信心。其二，对中国当代文学不自信，认为没有具备足够实力的作品，没有自己的文学话语，没有和国外平等对话的文学话语权。其三，对出版和传播实力不自信，进入国外市场时有些怯场和自卑。因为没有充分的文化自信，所以不能充分展现出版和传播中国当代文学的特点和特长，不能理性面对出版和传播中国当代文学的劣势并通过合作等方式补足，也就不能达到传播目的、产生传播效应。

四、策略：传播创新决定未来

第一，用“人类命运共同体”思想引领传播价值观。

以“人类命运共同体”思想指导中国当代文学在“一带一路”沿线国家的传播。2015 年 9 月，习近平主席在联合国成立 70 周年系列峰会上阐述了人类命运共同体的内涵：“建立平等相待、互商互谅的伙伴关系”，“营造公道正义、共建共享的安全格局”，“谋求开放创新、包容互惠的发展前景”，“促进和而不同、兼收并蓄的文明交流”，“构筑尊崇自然、绿色发展的生态体系”①。人类命运共同体是当下中国的国际观、全球观和世界观，具有战略意义。它基于平等、合作、和谐等理念，倡导和传扬全人类共同价值——和平、发展、公平、正义、民主、自由。它是中国塑造国家形象、处理国际事务的价值指向和伦理准则，理应成为中国当代文学在“一带一路”沿线国家传播的基本遵循。接受这一基本遵循，中国当代文学在“一带一路”沿线国

① 习近平．携手构建合作共赢新伙伴 同心打造人类命运共同体——在第七十届联合国大会一般性辩论时的讲话［EB/OL］［2018 - 10 - 26］．http://www.xinhuanet.com//world/2015 -09/29/c_ 1116703645.htm.

家的传播就有了方向、立场、目标和评价标准。

以饱含全人类共同价值的中国当代文学冲破西方中心主义价值观的垄断。一方面，我们要克服自身的西方中心主义思想和观念桎梏，以彰显全人类共同价值又富有民族特色、艺术特色的文学观、文学话语、文学标准，形成对中国当代文学的共识，以此在“一带一路”沿线国家倡导和传播中国当代文学。另一方面，我们要以新标准立新主张，以自己的话语体系形成话语权，和传播对象国的文学界、出版传播界人士一起打破西方中心主义对文学传播的垄断，既传播含中国当代文学在内的中国文学，又帮助对象国本土文学发展，以多支力量共创均衡态势，达到冲破西方中心主义价值观垄断的目的。

以全人类共同价值融合对象国的价值观，为中国当代文学在对象国的传播创造有利条件。全人类共同价值体现对象国的价值和利益，是其价值观更宽泛层面的底色，可以融入其价值体系。有了这种共同的价值观认同，中国当代文学的传播就有了基本的土壤和氛围，不但不会因为是外来文化进入而遭到反感和抵制，反而因为助力本土文学和文化的发展而受到欢迎。包括文学在内的西方文化，以“自由表达”为旗帜、以国际传播为理念，在许多国家宣传推广后成为主流文化，甚至拥有超出本土文化的“传播信用”。我们要摈弃这种传播中的文化中心主义和文化霸权价值观。但是，我们要学习和借鉴这种通过传播融入价值观的理念、路径和技术，为中国当代文学的传播找到有效的方式、方法和路子。

第二，基于跨文化传播更新传播观念。

正视文化差异，基于知己知彼在“一带一路”沿线国家传播中国当代文学。尊重文化的个性，承认文化的差异，做到求同存异，不断扩大共识，不断在碰撞和交融中促进各自文化的发展。中国当代文学生于中华文化土壤，落地对象国时遭到误读甚至误解在所难免，我们要理性对待两种文化交流中的博弈，同时需要因地制宜地找到适应的方式、方法和状态，创造适宜的传播语境。中国当代文学内容的当代性、国际性，表达的故事性、形象性、生动性，在跨文化传播中具有优势，利于在文化差异中找到相对接近的语境和相对亲近的对接方式。在具体的传播实践中，我们可以根据对象国文化与我国文化的相通性、相融性、共通性等划分出中国当代文学传播的层次和梯次，从易到难，从突破到普遍。譬如，从深受中华文化影响的东亚、东南亚到对中华文化“一知半解”的南亚、西亚部分国家，再到对中华文化相对陌生的南亚、西亚部分国家和中亚大陆内部国家，是中国当代文学较为合理的传播路径①。

找到中国当代文学在“一带一路”沿线国家传播的对话空间。对话是跨文化传播的有效方式，中国当代文学在“一带一路”沿线国家的传播过程实际上是对话过程。翻译是译者和作者的对话，也是译者和读者的对话。出版传播是出版传播方之间的对话，也是出版传播方和读者的对话。人性相通后的共同点是最大的对话主题，文学是人学，所以中国当代文学具有足够的对话潜能和空间。中国当代文学在“一带一路”沿线国家的传播实践中，我国译者加对象国译者的翻译模式是一种新的探索。我国译者和作者拥有较充分的对话空间，对象国译者了解读者意味着彼此具有较大的对话余地，对话空间和余地的扩大自然带来传播价值的倍增。

让对象国的读者对中国当代文学进行再创造。对象国的读者

① 何明星．“一带一路”国家、地区中国图书翻译出版的现状与应对［J］．出版广角，2015（10）：20－21.

是在该国传播的中国当代文学的评判者、分享者，也是创造者。在传播过程中，我们要重视读者的创造者角色，要让读者因为阅读而对中国当代文学作品二度创造，让他们因为这种再创造而更好地接受作品，更深地被作品影响。中国当代文学在“一带一路”沿线国家的传播必须从当前重在面世也止于面世的状况中走出来，要通过作者、译者与读者的互动，媒体的传播，读者之间的互动等多种多样的方式，充分走近读者，充分融入读者的情感和智慧，充分浸染读者的心灵，充分浸润读者的思想。

第三，以系统思维打开传播格局。

以中国当代文学作品为圆心构建不断扩散的传播系统。作品是基础，是传播系统的脚本。将作品转化为图书是打开内容的一扇窗，图书版本的多样化推出意味着这扇窗的多形态展现。以作品为母题和核心的影视游戏开发、展览、展示等是打开内容的另一扇窗。借助作品内容和形象进入实业，向读者和社会提供衍生产品，是打开内容的又一扇窗。数字化和线上运营意味着新窗的打开，也可能是已有窗的整合。无论打开多少窗，都是围绕中国当代文学作品而一圈一圈画就的圆。一扇窗一道风景，一个圆一重世界，每扇窗、每重世界既是独立的系统，也都始终聚焦于中国当代文学作品，始终促进作品价值的实现，始终扩大作品的影响力。

以中国当代文学作品为核心构建不断循环的传播环。每部中国当代文学作品在“一带一路”沿线国家的传播都会形成传播链，与不同作品结合的传播链循环往复形成传播环，创造着传播绩效。我们要从细节、环节到链条深耕传播环，要基于产业链构建中国当代文学在“一带一路”沿线国家的传播体系。中国当代文学在“一带一路”沿线国家的传播，就文本来说，要和本土文学、其他国家文学竞争；就消费来说，要和影视、游戏等争夺读者的时间；就运营来说，要在渠道、平台等的拼杀中争取空间。如果能以系统思维构建良性循环的传播环，形成强大传播能力，那么中国当代文学在对象国就传得开、传得广、传得深，也就能在文化场域里打开局面，占有一席之地。

构建支撑中国当代文学在“一带一路”沿线国家传播的结构。结构是系统的骨架，是体系的津梁。中国当代文学在“一带一路”沿线国家传播的“四梁八柱”是作品、出版机构、渠道、运营主体、团队等，其中作品是前提，硬件设施是基础，制度体系、精神等是软件，团队是活力，机构和组织是支撑。这些因素和力量要在全人类共同价值观的指引下，在跨文化传播观念的指导下，按照行业内的技术和标准，有机地组合，造就结构。系统思维的核心是结构逻辑，结构有了，系统就立起来了。中国当代文学在“一带一路”沿线国家的传播，以传播节点立传播环，以传播结构立传播系统，以传播系统创传播格局。

第四，靠本土化策略提升传播效果。

做到中国当代文学在“一带一路”沿线国家传播意识的本土化。传播意识的本土化主要指传播的对象意识和针对对象的换位思考。中国当代文学在“一带一路”沿线国家的本土化意味着在对象国和该国的读者中找到更多的共同点、共鸣点，围绕这些点沟通、对话、交流。传播意识的本土化体现为传播思维的本土化，即要用对象国和该国读者的思维方式与模式构思、立项、运营、服务。传播意识的本土化要求在中国当代文学的传播过程中和读者心相通、情相融、理相合。作为世界第二大经济体，相对于“一带一路”沿线国家，我国具有优势，但是，中国当代文学在这些国家的传播切忌因这种优势而抱着“中心主义”的强势，因为这是对传播意识本土化的背离，必然遭到对象国的强烈反感。作为进入对象国的“陌生人”，无论是中国当代文学本身、中国当代文学的传播者还是其接受者都要尽力尽快“去陌生化”，让彼此在本土化的熟悉和默契中融入和分享。

加强中国当代文学在“一带一路”沿线国家传播能力的本土化。中国当代文学在“一带一路”沿线国家的传播能力主要指创意力、翻译力、塑形力、运营力和服务力，具体表现为：在尊重和保留中国当代文学价值观、思想和文本内核的前提下，找到适合对象国特别是该国读者的角度、叙述方式、审美趣味和形式，以独特的形态、形象等扩大和增强吸引力、影响力，同时进入适合的渠道通路，提供丰富、贴心的服务。这些能力的培育和提供只有本土化，才能更到位，才能得到预期的效果。“在对译入语国家读者细微的用语习惯、独特的文字偏好、微妙的审美品位等方面的把握上，我们还是得承认，国外翻译家显示出了我们国内翻译家较难企及的优势……”① 中国当代文学在“一带一路”沿线国家的传播中，汉学家、华人华侨是传播能力本土化的重要力量，他们既可以直接参与其中，也可以作为桥梁带来更多更大的本土化传播能量。

增强中国当代文学在“一带一路”沿线国家传播主体的本土化。传播主体的本土化主要是传播机构和团队的本土化。传播机构的本土化，既可以通过国内机构在对象国落地生根，也可以通过和对象国机构的合作实现。随着我国在教育、培训等方面对“一带一路”沿线国家的强力支持，加上这些国家在我国的留学人员等，中国当代文学在“一带一路”沿线国家已具备一定的人力资源基础，并将迎来更多的本土化人才选择可能。但是，因为出版和传播中国当代文学的专门人才相对匮乏，所以加强专

① 谢天振. 中国文学走出去：问题与实质［J］. 中国比较文学，2014（1）：3.

向、专门培养紧迫且重要。有学者提出在我们大力推动中国文学“走出去”的同时，将国外作家、翻译家、汉学家、出版家等请进来很有必要①。这种说法很有道理，因为它是传播主体本土化的有效手段。

第五，借新技术掌控传播节奏。

借助新技术提升中国当代文学在“一带一路”沿线国家的出版力。借助新技术带来的线上翻译平台不但可以提高翻译效率，还可以提高翻译质量，并在翻译的过程中多和对象国的读者互动。在新技术的助力下，我们对对象国及其读者的了解更便捷更充分更高效，也就能够带来更多更好的创意，形成更强的出版力。新技术带来更多的跨界可能，形成以中国当代文学作品为基础的更多生产机会。大部分“一带一路”沿线国家的数字出版传媒业处于起步阶段，我国具有比较优势，以合适的方式融入，既可以让对象国体会到发展的实惠，又可以提高中国当代文学的出版传播力。譬如，在我国，新技术催生了网络文学这一独特类型文学。通过线上翻译、传播体系，网络文学供“一带一路”沿线国家的读者阅读，在越南等国家成为阅读风尚，成为新技术提升中国当代文学在“一带一路”沿线国家出版力的特别案例。

借助新技术提高中国当代文学在“一带一路”沿线国家的传播力。传播力来源于渠道力、沟通力、运营力以及整合力。新技术利于中国当代文学在“一带一路”沿线国家传播时顺利找到合适的渠道，并通过新媒体、即时通信等强化和密切与渠道的沟通，还可以通过渠道加大和读者的互动，提供读者乐于接受的服务。当一种方式和力量难以达成目标时，新技术提供的巨大空

① 姚建彬（主编）．中国当代文学海外传播研究［A］．北京：北京大学出版社，2016：51.

间可以形成整合优势，可以创造集束力来促成。亚马逊平台上的中国书店上架数十万种书，有中文的、外文的，可以买书、评书，既是卖场又是交流平台，这是新技术提高传播力的典型，在没有新技术时是无法想象的。当下已进入微传播时代，中国当代文学在“一带一路”沿线国家的传播要利用个人和圈子，通过微信平台等与读者充分互动，增强和扩散传播。

借助新技术调控中国当代文学在“一带一路”沿线国家的出版力和传播力。对出版力和传播力的调控是对中国当代文学传播节奏的掌握。借助新技术，中国当代文学在对象国的传播速度和力度可以基于了解进行充分调节，可以基于懂得读者而富有节奏感地推出读物、开展运营、提供服务，既可以充分传播又做到控制费用、提高效益。稳定、持续且有重点是中国当代文学在“一带一路”沿线国家传播的基本节奏。以大数据达成有效调研，以信息、服务、运营等平台推动生产、传播，以线上办公畅通流程，以人工智能评判绩效，如此充分运用和融合新技术，可以保障和实现基本节奏。

第六，凭市场手段构建传播机制。

中国当代文学在“一带一路”沿线国家的可持续传播靠市场。短期看，政府在“一带一路”沿线国家中国当代文学的传播中处于主导地位，起着决定性作用。这种方式在较快产生效应和效果的同时，带来诸多弊端。长期看，市场化是中国当代文学在“一带一路”沿线国家有效传播的必由之路。当务之急是在继续发挥政府作为效力的同时，处理好政府和市场的关系，遵循市场规律，形成市场力量，让市场无形的手推动传播，让传播主体愿意且主动积极投入中国当代文学的传播，让传播起来的中国当代文学有人读、有人评、有口碑。

构建市场机制促进中国当代文学在“一带一路”沿线国家

的传播。市场机制的基础是制度和法律法规等。制定包括中国当代文学在内的文化在“一带一路”沿线国家传播的制度、法律法规等，用这套制度、法律法规形成传播的路径和规矩，既保护又推动我国的出版力量在“一带一路”沿线国家大行动多作为，是铺设中国当代文学在“一带一路”沿线国家传播的路。2016年2月19日，在党的新闻舆论工作座谈会上，习近平总书记强调“优化战略布局，着力打造具有较强国际影响的外宣旗舰媒体”[①]。基于市场配置资源，通过市场竞争，促进我国出版机构的分化、重组，提高集中度，形成可以在国际市场中搏杀的出版传媒航母，是构建市场机制促进中国当代文学在“一带一路”沿线国家传播的重要路径。

政府引导是中国当代文学在“一带一路”沿线国家传播的保障。包括中国当代文学在内的文化“走出去”和国际化，是国家意志的体现，是国家形象塑造的重要组成部分，政府引导不但不可缺失，而且是极为重要的保障。在强化市场机制构建和加强市场力量作用的同时，更大力度强调政府引导必要且紧迫。当前至少可以在四个方面加大力度：其一，基于以往的顶层设计，结合“一带一路”倡议得到响应的情况，出台更具系统性和指导性的包含中国当代文学在内的中华文化在“一带一路”沿线国家传播的顶层设计。其二，通过行业组织或作协等群团构建中国当代文学在“一带一路”沿线国家传播的线上公益性服务平台，针对性地提供包含信息服务等在内的各种服务。其三，继续以资助、奖励以及政府购买服务等方式加大力度推动中国当代文学在“一带一路”沿线国家的传播，真正做到措施有力、富有

---

① 习近平．习近平谈新闻舆论工作：治国理政、定国安邦的大事［EB/OL］［2018－10－26］．

实效。其四，加大“一带一路”沿线国家诸如孔子学院、文化中心等的建设，为中国当代文学在这些国家的传播培育土壤、营造氛围。

第五节　中国图书进入俄罗斯的本土化模式创新

中国人对俄罗斯往往有着不一样的期望，以为中国主题的图书在那里会特别流行。实际上，俄罗斯人对中国知之甚少，中国输出俄罗斯的图书版权很少（甚至在一些年度为零）。“官方热民间冷”是中俄关系的显著特征，近年在政府的推动下，进入俄罗斯的中国主题图书品种多了，但是大都以官方资助的方式出版，效果不太好。本土化是中国出版走进俄罗斯的必由之路，中国出版要基于充分了解俄罗斯国情特别是出版条件，发挥自身出版优势，实施好本土化策略，用图书讲好中国故事、传播中国文化、塑造中国形象，服务于“一带一路”建设，贡献于人类命运共同体构建。

一、有利条件：中国出版走进俄罗斯的机遇

第一，大环境孕育出版之需。

2001 年 7 月，《中俄睦邻友好合作条约》签订，中俄两国永做“好邻居、好伙伴、好朋友”的意愿和决心用法律形式固定下来，两国关系进入历史最好时期。2006 年，中国、俄罗斯签署了《2006—2007 年中华人民共和国新闻出版总署与俄罗斯出版与大众传媒署合作备忘录》，约定 2006 年俄罗斯作为主宾国参加第 13 届北京国际图书博览会，2007 年 9 月中国作为主宾国参加第 20 届莫斯科国际书展。2009 年中国举办“俄语年”，2010 年俄罗斯举办“汉语年”。2012 年 8 月 31 日，中国出版协会与

俄罗斯出版协会合作框架协议在京签署，双方约定：每年定期举办工作会议，由双方轮值主办；互办综合或专题性的出版交流活动；互相支持在本国推广对方图书等。2013 年，中俄两国出版部门签署合作备忘录，约定将在 6 年内相互翻译并出版对方国家不少于 50 种经典作品，或双方共同出版不少于 100 种图书。2014 年是中俄青年友好交流年的第一年。2015 年，俄罗斯设立“最佳中国文学翻译”奖，中俄共同举办纪念反法西斯战争胜利 70 周年相关活动。该年 5 月，中俄签署了《中华人民共和国与俄罗斯联邦关于丝绸之路经济带建设和欧亚经济联盟建设对接的联合声明》，迎来了中国与欧亚国家合作发展的新机遇。该年 6 月，中俄两国签署了《“中俄经典和现代作品互译出版项目”合作备忘录修改议定书》，将原来约定的 50 种经典作品扩大到不少于 100 种，合计不少于 200 种。2016—2017 年是“中俄媒体交流年”。中俄两国的友好政策形成了国家相融相助、民心相向相通的大氛围，对出版等提出了要求，也为出版创造了需求。出版呼应需要，满足需求，推动中俄两国采取措施、构建机制、准备条件、催生合作、多出好书、多创积极影响。

第二，大众需求决定出版市场。

了解中国是俄罗斯大众的一种需要。根据民意调查结果，俄罗斯和中国的友好程度较西方国家超出不少。① 这为俄罗斯大众平和、理性对待中国提供了前提。新中国的发展道路和制度学自苏联，东欧剧变后俄罗斯和中国各走自己的路，俄罗斯的发展一波三折，中国一跃成为世界第二大经济体。俄罗斯大众倾向于正视苏联的历史，给予客观的评价，尊重、认同中国的道路和制度

① 王国红．俄罗斯媒体中的中国政治形象的分析［J］．新闻传播，2017（1）：12－14.

选择，希望有效地借鉴中国的发展历史，走出具有俄罗斯特色的发展道路。“对于中国铁腕反腐，俄罗斯媒体的报道是客观、平实、公正的，甚至表达出比较认同，认为在一定程度上，俄罗斯在反腐方面是可以借鉴向中国取经。”① 俄罗斯媒体的声音基本反映了俄罗斯大众的态度和看法。因此，俄罗斯人对待中国是理性的，这种理性带来对中国的政治认同、经济赞许，产生了解中国特别是接近中国文化的需要。

享有中国发展带来的机遇是俄罗斯大众的另一种需要。俄罗斯发展的波折特别是经济的衰退，意味着俄罗斯大众拥有的机会减少。中国的发展给俄罗斯带来合作的机会，也给俄罗斯大众带来发展的机遇。这种机遇既表现在服务于中俄两国的合作而得到工作的机会，也表现在服务于中国在俄罗斯的发展而得到工作的机会，还表现在到中国寻找发展的机会。无论哪种机会的争取和获得都离不开对中国的了解，包括学习汉语、懂得中国文化。

第三，汉学传统培植出版条件。

1714 年，俄罗斯向北京派出第一个东正教使团，从此大约每 10 年一次，至 1949 年共 20 次。俄罗斯汉学的基础由早期的东正教使团奠定，其历史已有 400 多年。今天，很多重要的汉学研究机构在莫斯科、圣彼得堡、远东地区等发挥着重要的作用，譬如，俄罗斯科学院远东研究所是俄罗斯研究中国的智库，研究成果涉及中国的政治、法律、历史、地理、经济、哲学、宗教、语言文字、艺术、文学、文化教育、体育、农业科学、军史、工业科技、自然科学总论、社会科学总论等多个主题，尤以政治、法律、历史、地理、经济为主。这些机构的汉学研究和教学人员

---

① 王国红．俄罗斯媒体中的中国政治形象的分析［J］．新闻传播，2017（1）：12－14.

超过500人，其成果发布和传播平台有《远东问题》等杂志和《国际和地区事务中的中国》《中国、中国文明与世界》等年度丛刊。一些重要的汉学家通过大众媒介发出有关中国的声音，普及中国国情知识，传播中国文化，影响执政者和俄罗斯大众。譬如，俄罗斯科学院院士、俄中友好协会主席、著名汉学家季塔连科，“他的著作向俄罗斯政界和社会传达了需要与中国合作的思想，在相当程度上成为促进俄联邦政府与中国建立全面战略协作伙伴关系的重要智力支持”①。俄罗斯汉学家的研究成果与媒体上关于中国的经济崛起和政治改革等的讨论相互砥砺，促使风水、易经、气功、中医、生肖、武术等中国传统元素在俄罗斯逐渐广为人知，且进入当代俄罗斯文学艺术中，有的甚至成为俄罗斯人生活方式的一部分。2006年，《中国精神文化大典》出版，普京总统把它作为国礼送给中国。该书由季塔连科主编，撰写者包括约200名俄罗斯汉学界人士，按哲学、宗教、文学、史学、科技分编为5卷，是名副其实的中国百科全书，是俄罗斯汉学传统的延续和发展，是俄罗斯汉学研究成果的充分展示。

二、不利条件：中国出版走进俄罗斯的挑战

第一，抵制和戒备：欧洲重心和大国心态。

俄罗斯横跨欧亚大陆，尽管大部分国土在亚洲，但是大部分人口居住在欧洲，其文化和价值传统倾向欧洲。可以说，欧洲文明是俄罗斯文化的底色和重心，融入欧洲是俄罗斯人的集体意识。“俄罗斯是另一个西方，如果说美国是西方中的西方，俄罗

---

① 李玮等．俄罗斯人眼中的中国形象［M］．北京：北京大学出版社，2016：94－99.

斯则是西方中的东方。”① 中国是俄罗斯观照和思考西方的参照，换句话说，俄罗斯用西方的价值观和话语体系认识和解读中国。这样，俄罗斯对待中国的视角产生了偏离，从根本上说对中国不可能产生全面、正确的认识。每年，俄罗斯出版中国主题的图书约 300 种，绝大部分由西方作者创作，从西方语种翻译而来。这种深层次的因素决定了俄罗斯对中国出版进入的态度和认识，中国出版进入俄罗斯会遇到极大的困难和障碍。

俄罗斯是强悍、强势的国家，俄罗斯民族是帝国意识一直滋养着的民族，俄罗斯人既在享受着历史和传统带来的荣耀，又在敏感地戒备着他国。在俄罗斯历史上，对中国有过“黄祸”的认识，“中国威胁论”一直在俄罗斯人的意识深处。在俄罗斯人心里，中国在曾经的某个时段是俄罗斯的“小弟”，他们不但不可能从心底里坦然地接受当前俄罗斯不如中国的现实，而且对中国有着某种戒备。俄罗斯的这种心态和想法在中俄间筑起了一堵无形的墙，而出版是心灵和精神沟通的方式，无疑受到消极影响。

第二，困扰和担忧：俄罗斯人的心理“阴影”。

“俄中两国交往已久，政治上似乎一直走得很近，但是事实上，两国人民的相互了解是非常不够的。就我在俄罗斯多年的亲身体会，俄罗斯人对中国的认知相当有限，当然，中国人对当代俄罗斯的认知也很不够，而且存在误读。”② 首先，中国人不了解俄罗斯人。总体来说，中国人对俄罗斯人的好感超乎俄罗斯人的预期，中国人对俄罗斯人看待自己的好感度远远超过俄罗斯人

① 周宁．俄罗斯的中国形象［M］．北京：人民出版社，2010：17.

② 刘古昌．俄罗斯人眼中的中国形象［M］．北京：北京大学出版社，2016：3.

对中国人的现实态度和表现，这种严重的不对称既让俄罗斯人意外，也让中国人自己特别不舒服。这种心理落差加上俄罗斯人天性凝重、不苟言笑，无疑深深影响中国人和俄罗斯人的交往。其次，俄罗斯人对中国人有些刻板印象。20 世纪，中俄一度处于蜜月期，苏联给予中国大量支持。在不明就里的俄罗斯大众看来，中国似乎突然变了，给他们留下“背信弃义”的印象。近些年，中国人和中国商品大量进入俄罗斯，中国人给俄罗斯人留下勤劳等印象的同时，也留下了狡猾、不诚信的“阴影”；中国商品因为价廉在俄罗斯广被消费，也给俄罗斯人留下低质甚至劣质的“阴影”。原本“中国人多”在大多数俄罗斯人看来只是一个概念，当大量中国人进入俄罗斯，俄罗斯人似乎处处可见中国人后，“中国人多”的威胁感泛起，加重了他们的危机感。

第三，转型和颓废：出版和阅读的“噩梦”。

俄罗斯年出书超 10 万种，是世界出版大国。然而，自从 1991 年苏联解体以来，俄罗斯的出版传统有些断裂，出书粗俗化现象明显，大量色情、暴力读物充斥图书市场。特别是 2008 年金融危机以来，俄罗斯出版产业一直处于衰退中，出书实物量在下降，种均印制和发行册数在下降，至今还没有恢复到 2008 年的规模和水平。阅读传统是俄罗斯民族和俄罗斯人的骄傲，然而，受不景气的经济状况和新技术的影响，阅读地位日益下降，阅读氛围日益淡薄，阅读投入严重不足，家庭阅读传统和习惯在渐渐消失，不阅读或偶尔阅读的人群比例增加，人均阅读量不断下降，部分人特别是年轻人日益远离深阅读，或者倾向于影视、游戏等而被娱乐项目支配着时间，或者对纸质读物兴趣衰退而满足于碎片化电子阅读。

三、本土化：中国出版走进俄罗斯的必由之路

第一，出版思维本土化。

首先，出版思维本土化意味着在俄罗斯的中国出版要遵循俄罗斯的文化战略。“新俄罗斯思想”是普京执政后实施文化强国战略的核心理念，① 是俄罗斯出版的指导思想。《俄罗斯国家文化政策基础》是俄罗斯出版的具体指导，强调国家利益是其战略定位，保持民族文化独特性是其基本态度。

其次，出版思维本土化意味着在俄罗斯的中国出版要掌握俄罗斯的出版逻辑和规律。俄罗斯的出版管理由原来的行政主导逐渐向法制化、经济调控和行业协会自主管理转变。普京时期，俄罗斯新颁布的文艺和文化相关法律、法规、总统令等具有法律效力的政策文件共8000余部，构建了较为完备的文化法律法规政策体系，基本能确保其遵循市场规则正常运行。中国出版在俄罗斯推进要有法治思维和市场思维，要在法治的框架下按照市场规律操作，在市场竞争中生存和发展。

最后，出版思维本土化意味着在俄罗斯的中国出版要拥有俄罗斯的出版视野和视角。俄罗斯作为“一带一路”沿线国家的主要俄语国家，其出版物的影响力不仅仅存在于俄罗斯，而且辐射到其他俄语国家和地区，特别是原苏联的加盟共和国。这种更大的读者群和更宽广的覆盖面，既可以扩大出版物的销售量，也可以增强其影响力。作为富有文化和阅读传统的国家，俄罗斯的读者对出版物的要求高，特别讲究图书的文本，特别追求图书的思想内涵，因此出版的视角与读者的需求要契合和一致。譬如，

① 田刚健．国家主义与市场机制下的文化大国重建之路［J］．苏州大学学报，2017（3）：11－12.

一些中国的出版社和俄罗斯出版社合作，往往因为一味督促加快出版节奏、要求在很短时间内出书，或者开口闭口诸如“我给你们出钱，你们帮我们翻译出版吧”之类的话语让出版金钱化、庸俗化，使得俄罗斯出版社非常反感。[①]

第二，出版产品本土化。

出版产品本土化指图书内容符合俄罗斯读者的口味。不管是俄罗斯的内容还是包含中国元素的内容，对于俄罗斯读者来说都只是图书的素材和基础，需要通过编辑出版者的创造性劳动，做出适合俄罗斯读者的味道。譬如，中国出版社出版的对外汉语教材大部分是适应母语为英语的国家和地区，对俄罗斯来说内容不对味，若是俄罗斯人自己编写，则有助于俄罗斯学生更好地学习和掌握汉语[②]。

出版产品本土化指图书形式、形态满足俄罗斯读者的需求。语言表达是约定俗成的，审美趣味具有地域性，接受心理有着各自的传承和习惯，给俄罗斯读者读的出版物的形式和形态要满足他们独特的需求，才能得到他们的认同和接受。就拿图书分类法来说，俄罗斯对图书的归类和我们有着较大的差异，这种差异往往带来图书形式、形态的差异。俄罗斯尚斯国际出版社是中国人在俄罗斯办的出版社，在出版社的书目中，从中国翻译过去的绘本都归于教材类。这种有别于中国习惯的归类是对俄罗斯读者在图书形式、形态方面的适应。

第三，出版渠道本土化。

出版渠道本土化要求适应俄罗斯的图书流通渠道。在莫斯科

---

① 《国际出版周报》记者．中国出版如何走进俄罗斯？[［EB/OL］［2018－10－05］]．http：//www. bjss010. com/index. php？ a = show&c = news&id = 102

② 崔钰．俄罗斯汉语教材问题研究［J］．黑河学院学报，2011（2）：63－64

和圣彼得堡，按所占比例从大到小排列，图书流通渠道依次为实体书店、小型批发商、网上书店、大型批发商、图书馆。在这两个大城市以外的地方，这种渠道的排序是实体书店、图书馆、大型批发商、小型批发商、网上书店。大城市和大城市以外的地方，不但图书流通渠道的重要性排序不一样，哪怕同样是排在第一的实体书店，在大城市所占比例更高一些。就地域来说，图书销售的区域集中度高，“通过调查发现，俄罗斯图书销售流向的主要区域是俄罗斯经济较发达的联邦管区……”①

出版渠道本土化要求在俄罗斯拥有图书流通渠道。俄罗斯诸如埃克斯摩－阿斯特、奥尔马、标准信息等大型出版机构在俄罗斯拥有图书流通渠道，在其他俄语国家自建图书流通渠道。中国出版在俄罗斯拥有图书流通渠道利于销售，利于掌握俄罗斯市场的规律和俄罗斯读者的需求，利于在俄罗斯长久存在和可持续发展。2016 年 7 月 5 日，浙江联合出版集团在莫斯科阿尔巴特大街建立尚斯博库中国主题书店，卖场面积 200 多平方米，主要销售中文图书和中国主题的俄文图书，其中俄文图书占 20%。这是中国出版在俄罗斯拥有渠道的开始，经过两年多的努力，该书店收支平衡，站住了脚，产生了良好的综合效应。

第四，出版服务本土化。

出版服务本土化要求中国出版为俄罗斯读者提供阅读服务。阅读是出版的基础，是达成出版目的的路径和方式。提供阅读服务是出版的延伸，也是出版的重要组成部分，为俄罗斯读者提供阅读服务是中国出版在俄罗斯本土化的必要举措，也是标志。这种阅读服务涵盖信息提供、物流提供、阅读指导和推广等，其中

---

① 岳萍．俄罗斯图书出版业发展现状（2015—2016 年）［J］．出版参考，2016（11）：29.

物流提供等主要外包给第三方解决。在新技术的支持下，为俄罗斯读者提供图书信息、阅读信息等服务更可操作和实现，可以更高效地帮助他们找到想读、想买的书的各种信息。俄罗斯出版社积极利用网络服务于读者的信息需求，它们发展自身网站、将出版的图书推入社交网络、在线上直接做广告等。就阅读指导和推广来说，中国出版需要融入俄罗斯的阅读推广体系中，多做些力所能及的事，让俄罗斯读者感受中国出版的诚意。譬如，俄罗斯依托各类图书馆建立阅读中心，这些阅读中心为非营利性机构，主要依靠图书馆财政预算运作，是贯彻俄罗斯阅读推广纲领性文件——《国民阅读扶持与发展计划》的重要载体。中国出版可参与到俄罗斯图书馆的阅读推广行动中，在莫斯科国际图书博览会、年度图书竞赛、俄罗斯图书竞赛、阅读领先者竞赛、俄罗斯互联网论坛、“出版业/出版展”展览－会议、世界俄语报刊大会、圣彼得堡国际图书沙龙、莫斯科国际图书博览会以及一系列学术讲座和会议等阅读推广活动中扮演一定的角色，发挥一定的作用。

出版服务本土化要求中国出版为俄罗斯读者提供文化服务。文化是出版的土壤，文化服务可以为出版的发展提供更深远更可持续的力量。中国出版为俄罗斯读者提供的不仅仅是出版服务，还有更广更丰富的文化服务，以文化服务涵养和支撑出版。尚斯博库中国主题书店一开始经营非常困难，开门3个月因为没有读者面临关门的窘境，后来增加让读者免费品尝中国工夫茶，免费举办汉语、太极、中国书法、围棋培训班等文化服务项目，加大中国风文具和文化用品的占比，逐渐走出困境。这得到了俄罗斯高等经济大学教授、上合组织原副秘书长扎哈罗夫的高度认同和肯定。[①] 这种认同和肯定是对书店文化服务的精当描述，表明这样的书店是文化服务改变出版、为出版带来效益的典型案例。

出版服务本土化需要运用好孔子学院。孔子学院是中国在国外设立的主要着眼于学习汉语和传播中国文化的机构，是出版服务本土化的重要平台。中国在俄罗斯建立了 18 家孔子学院和 4 个孔子课堂，拥有相对集中和固定的学生，是出版的重要市场之一，是开展阅读服务、文化服务等的重要场所。

第五，出版机构本土化。

出版机构本土化要求中国出版在俄罗斯建立踏实、扎实做出版的组织。伴随“一带一路”建设的推进和中俄交流、合作的深入，中国出版机构落户俄罗斯的消息时有出现。譬如，2016 年 8 月 24 日下午，在北京国际书展展场举办社会科学文献出版社俄罗斯分社——斯维特出版社成立仪式。2018 年 9 月，浙江大学出版社在莫斯科成立俄罗斯联合编辑室。这些案例是出版机构在俄罗斯本土化的探索和尝试。并购是俄罗斯出版市场化后的常态，并购后俄罗斯出版市场集中度显著提高。2013 年，埃克斯摩集团收购阿斯特集团后跻身全球出版企业 50 强。2014 年 5 月，奥逊集团收购电子书店 LitRes。当前，俄罗斯排名靠前的几大出版集团图书市场占有率超过 80%。显然，并购是中国出版在俄罗斯实现出版机构本土化的路径之一。法国 Hachette Livre 出版社收购了俄罗斯阿兹布卡出版社 25% 的股权，这是走在中国出版前面的案例。俄罗斯的出版社设立实行登记制，中国出版在俄罗斯成立新机构容易。俄罗斯尚斯国际出版社是中国民营力量在俄罗斯创办的，目前是俄罗斯出版中国主题图书最强的三家

---

① 《中国新闻出版广电报》记者．一家中国书店的洋故事［EB/OL］［2018－10－05］．http：//www.bjss010.com/index.php？m=&c=aboutus&a=show&id=24

社之一，另两家是圣彼得堡东方学出版社和圣彼得堡科学出版社。

出版机构本土化的关键是出版人才本土化。出版是复杂的系统工程，包括出版机构本土化在内的出版本土化必须依靠本土化的人才才能实现。俄罗斯的两大有利条件为中国出版在俄罗斯本土化准备了人才：一是俄罗斯的汉学传统，二是在中国的所有留学生中俄罗斯留学生数量一直排在前五，人数不少。俄罗斯尚斯国际出版社团队除了主要负责人是中国人，其他人都是俄罗斯人，其中总编辑罗曼·米哈伊洛维奇在圣彼得堡科学院出版社做了快 6 年编辑部主任。2015 年，该出版社本土化的翻译、编辑、出版、发行团队组建完成，对中国主题图书的出版步入高速发展期。

第六章　促进中国图书国际传播发展的对策

中国经典作品的对外传播与推广经历了“从外宣到外销的转型”，在促进中外人文交流、讲好中国故事中产生了巨大而深远的影响。在新的阶段如何精准发挥政策引导作用、建立科学的传播效果评价体系、精心选择传播书目、实施“本土化”运作以及推动国际传播的数字化，是未来进一步促进中国经典作品传播与推广的对策。这些对策在《新闻出版业“十三五”时期走出去的发展规划》中都有体现，本章对其具体内涵和实施路径进行分析。

第一节　精准发挥政策引导作用

国家政策是经典作品传播与推广的基本动力。虽然出版机构在传播推广经典作品过程中从版权输出和开拓国外读者市场获得了一些经济效益，但不足以成为出版机构的主要动力，出版机构积极参与经典作品的传播与推广的主要动力还是获取国家政策的支持。因此，精准发挥政策的引导作用是促进经典作品进一步传播与推广的基础。

（一）国家政策的优化轨迹

经典作品的传播与推广是出版“走出去”的一部分，关于这方面的政策就是出版“走出去”政策的相关部分以及有关的政策项目文件。国家的出版行政管理部门一直强调出版“走出去”的顶层设计，因此相关政策也在不断地优化。经典作品的传播与推广政策，有四个方面的优化轨迹。

一是经典作品的内容建设越来越受重视，内容构成日渐清晰。从最初一般性提出实施出版“走出去”战略，到 2005 年开始实施“中国图书对外推广计划”，到 2010 年实施“经典中国国际出版工程”，是对经典作品的内容建设认识的第一步。2011 年出台的《新闻出版业“十二五”时期走出去的发展规划》、2012 年出台的《关于加快我国新闻出版业走出去的若干意见》简要地提到一些重点推出的内容，却没有列入“走出去”的重点任务。新出台的有关规划，不仅明确提出了传播与推广的七个方面“重点翻译出版”的内容，还把内容建设列为九大重点任务之首，“翻译出版工程”也被列为重点工程之首。

二是经典作品传播推广的“落地”实效越来越得到重视。各政策项目从一开始都注意传播推广的实效，这从各政策项目的实施规定就可以看出。如“中国图书对外推广计划”和“经典中国国际出版工程”都是在签订协议之后拨付 50% 的资助经费，完成结项后再拨付另外 50% 的资助经费。但总的来看，在各政策项目实施之初，出版单位更关注项目的申报，随着项目实施的展开，传播效果才逐渐地受到了重视。《新闻出版业“十二五”时期走出去的发展规划》《关于加快我国新闻出版业走出去的若干意见》两个文件都没有强调传播实效。“十三五”以来，经典作品的传播实效受到了高度的重视，该文件把“落地实效”列为重要任务，明确提出“提高产品‘落地’实效。抓好内容产品海外营销工作，打通‘走出去’链条各环节，实现内容产品有效推送”，并在“组织保障”中要求抓好督查评估。

三是对经典作品传播的“本土化”日益重视。“中国图书对外推广计划”“经典中国国际出版工程”的资助，国外出版机构也可以申请，这使得经典作品的传播与推广从一开始就有着本土化传播的因素。“外国人写作中国计划”的推出，标志着本土化的传播思路受到了重视。“十三五”以来，出版管理部门明确地提出“本土化工程”，要求“提升本土化水平”。这里的“本土化”是针对中国出版“走出去”拓展国际市场的整体而言的，对于经典作品的传播与推广来说，这是标志性的突破。因为经典作品的传播与推广要产生更大影响，在传播方式上就必须实现本土化。

四是逐渐重视经典作品传播推广的区域布局。在运用国家项目来推动经典作品传播之初，传播区域并未被刻意考虑。国内出版机构输出版权比较看重欧美和周边国家，因此经典作品的传播与推广在这些区域比较集中。随着“丝路书香工程”的推出，经典作品的传播与推广在区域上有所补全，原来只重欧美和周边国家的现象得到了改变。

（二）发达国家相关政策的借鉴

发达国家都非常重视对外输出自己的文化，其文化影响力相比较而言都是很大的。出版物是文化的载体，这些国家非常重视出版物的对外推广。美国在全球出版行业中的地位是举足轻重的，从 20 世纪 90 年代起，美国每年出口图书占其出版业总销售额的 7% 左右，占世界图书出口总量的 20%，居世界第一位。英国也是世界上的图书出口强国，该国年出书 10 多万种，其图书生产总金额的 36% 用于出口，出口销售图书总册数为全国生产总册数的 40%。从 20 世纪 90 年代起，日本就致力于发展动漫产业，现在日本动漫作品已经成功走向世界，和日本电器、日本汽车并列，成为影响世界的三大日本商品。这些发达国家都制定了鼓励出版物输出的相关政策，归纳起来有以下四个方面。

一是根据本国的国家利益需要，提出鼓励图书出口的政府文宣。由于英语在国际上是最强势的语言，英国政府大力倡导“出版无国界”的理念，推动英国图书销往全世界。与英语文化相比较，法语文化处于弱势，法国政府为了给本国图书出口的资助寻找理论依据，就提出了“文化例外”，其意思是图书是文化产品，而文化产品不能像一般商品那样对待，文化产品是例外的，可以得到政府的补贴。法国就是在这样的理由下给予出版产品的输出一整套支持措施，使得法国成为图书出口大国。面临来自英国、美国、法国等出版强国的竞争，加拿大政府提出“让世界听到加拿大声音”，用这个口号推动本国图书“走出去”。日本政府公布实施《21 世纪文化立国方略》，提出要从经济大国转变为文化输出大国；该国 2006 年提出“文化外交新构想”，主张通过动漫艺术来“打磨日本的形象，推销日本的梦想”。

二是确定相应部门或机构来负责推动图书出口。美国政府推动图书出口的特点是政府很少直接干预，而是由美国出版商协会、全国图书委员会、美国大学出版商委员会等行业协会运作，通过举办图书国际展览以及各种媒体的宣传，扩大美国图书的国际市场，促进协会会员单位的图书出口。英国设立了英国文化委员会，支持英国出版业的图书出口和版权输出是该部门的职责之一。法国则由政府部门和行业组织共同推动图书出口。法国政府文化和通讯部内设的图书与阅览司的主要任务就是保护创作和出版，扩大图书的出口，推动阅读活动的开展。该司资助法国出版业国际署对法国图书出口进行支持，组织出版商参加伦敦、法兰克福国际书展，每年举办法国图书沙龙和其他活动来推广和宣传法国图书。

三是制定鼓励图书出口的税收政策。美国政府通过对不同出版企业、不同出版物规定不同的税率，引导出版业朝着符合国家利益的方向发展。美国把出版机构按经营性质分为营利性和非营利性两大类，对非营利性出版机构，联邦政府不征税，对于图书出口以先征后退的方法免征增值税和营业税。加拿大的《所得税法》明确鼓励出版物出口，出版物出口可以享受一系列的税收减免待遇。

四是设立支持图书出口的相应资金。美国国会直接资助美国政府印刷局的图书对外传播活动，美国政府通过财政拨款、财团资助、社会捐赠等方式建立出版基金，推动图书的出口。美国对出版业提供直接和间接资助的基金会很多，比较有影响的是美国国家人文基金（NHF）和美国国家科学基金（NSF）。英国文化委员会每年都提供上百万英镑的图书推广费，鼓励与资助英国出版公司在海外举办和参加各种图书展览；英国海外贸易局每年会向一些英国出版公司提供几十万英镑的图书出口补贴。法国政府于 1990 年拨款 1.11 亿法郎设立了“图书文化基金”，用于对出口图书补贴、资助出口图书的机构参加国际书展、鼓励出版商开展国际合作业务。对于将法国作品翻译成他国文字，法国政府通过外交部掌管的各种计划项目对译者进行资助；外国出版商购买法国图书，可以凭购书发票获得购买额 50% 的补助，以鼓励外国出版商多引进法国图书。日本政府为了促进动漫作品的出版和对外传播，设立 460 万美元的小型基金来扶植动漫工作室，为其出口提供商业保险，日本外务省利用“文化无偿援助”资金，从动漫制作商手中购买本国动漫片播放版权，无偿地提供给发展中国家的电视台播放，促进日本动漫的全球传播。

（三）未来政策的引导方向

从经典作品的传播与推广发展进程来看，政府作用的发挥在逐渐发生变化，从“政府承担”到“政府主导”，现在进入“政府引导”（或者说是“政府推动”）的阶段。国家相关政策的引导方向逐渐明确，可以在以下五个方面展开和强化：

一是引导各项政策发挥关联促进作用。要明确经典作品的传播与推广在中国文化“走出去”、中国出版“走出去”中的核心地位。版权输出、出版产品的实物输出、建设国际营销渠道、举办或者积极参与相关国际会展以及数字产品“走出去”等，最终的目的是以经典作品为载体的中国文化“走出去”。要有意识地组织对经典作品的海外营销，组织经典作品集中参展，组织对经典作品的数字化开发与传播。

二是引导对国外图书市场的研究和开发。目前对外传播推广的经典作品绝大部分是国内市场已有的作品，翻译出版后提供给国外图书市场。需要认识的是，这些作品在写作的时候基本上是以国内读者为对象的。要促使出版机构研究国际图书市场，研究国外读者的阅读需求和特点，直接开发针对国外读者的经典作品。“外国人写中国计划”是一个好的开头，但很不够，需要在这方面加大引导力度。

三是引导进一步提升经典作品的传播效果。在这方面不仅要有政策的强调，还要有具体的措施促使经典作品的传播走完最后一里路，使中国经典作品被国外读者阅读和接受。要推动建立社会认可的、科学的经典作品传播与推广的评价机制，对政策资助的经典作品结项时可以提出网上销售和国外馆藏的指标要求，对重点资助的经典作品还可以提出举办展销和读书活动的要求。

四是引导建立有国际出版运营能力的专业队伍。在出版“走出去”的相关政策中，对于人才培养的紧迫性和重要性提得比较多，强调要培养翻译人才和编辑人才，但需要出台这方面的具体措施。可以委托国内外相关高校开办国际出版高级研修班，聘请国际一流的编辑出版专家讲课交流，对承担经典作品对外翻译出版的编辑出版人员进行培训。

五是引导建立经典作品传播与推广的数据平台，实现精准的引导。在未来发展中，有必要建设国家级“走出去”信息服务平台，为企业提供市场供求、版权贸易、政策咨询、法律服务、翻译传播等全方位信息服务，这是目前迫切需要开展的工作。因为经典作品传播与推广需要丰富而适时的信息，相关政策已经实施多年，积累了许多数据，如果建设起一个提供这方面公共服务的信息平台，政府部门对经典作品的传播与推广就可以实现精准引导。

第二节　建立图书传播效果的评价体系

在国家出版政策的引导与支持下，图书对外翻译出版迅猛增长。如何评价翻译传播的实效，是社会的期望，也是管理部门和出版单位的需要。同时，“有了完善的翻译评价机制，翻译作品的质量才能有足够的保障，翻译学成为学术之林中的一棵枝繁叶茂的参天大树才有可能”。基于现实和理论的需要，我们提出图书翻译出版的“5R 评价”体系（5R 即 Rendering，Releasing，Reading，Reviewing，Recreating），满足管理工作对图书传播实效的现实考量，同时致力于翻译传播理论的发展，为优化图书的传播效果提供理论参考。

（一）图书翻译出版评价的理念与内在逻辑

5R 评价理论模型基于传播链条建立。图书翻译出版的 5R 评价把图书翻译评价置于图书传播的过程中，既对作为图书传播环节之一的图书翻译做出评价，又以图书翻译环节为中心向下延伸，将它摆在传播链条中予以判断，评价其渠道和客户影响、读者影响、媒体影响、文化影响和社会影响等。基于传播链条不是对图书翻译作为传播环节的弱化，而是在静态强化图书翻译在语言转换、文化传递、文本呈现等方面创造的价值的同时，在动态的传播过程中发现、挖掘这种价值的流动、扩散、增强和放大，彰显这种价值的基础性、本源性和决定性。基于传播链条是对注重以翻译质量评价图书翻译工作的观点和做法的突破，从理念上将传播学融入图书翻译评价，用传播理论指导图书翻译评价；从方法论上将图书翻译评价纳入结构和系统中，体现整体观、全面观、全程观；从路径上是图书翻译评价由点延伸到线、由静发展到静动结合、由局部拓展到整体、由部分提升到整体结构。

5R 评价理论模型重在传播效果评价。图书翻译出版的 5R 评价重在传播效果，即重视图书翻译给渠道、读者、媒体、社会等带来的效应，产生的效益，并把这种效应和效益作为图书翻译评价的重要标准。“翻译，作为人类的实践活动之一，也势必带有一定的目的性，在合乎一定的自然或社会规律的前提下实现，并产生一定的价值。但其真正的价值主体不是译者本人，而是译作的读者。只有当译作受到社会对象也即读者认可了，译作才产生了价值，译者的劳动也才得以认可，这时作为翻译活动的执行者的译者也才能从翻译这一实践活动中受益。也就是说，译者在翻译行动之前就应该对翻译行动的各种选择（即各种可能译作）可能会产生的后果进行预见和权衡，以使其译作能被社会读者所认可和接受，由此实现合目的性和合规律性的协调统一，从而实现其翻译行动价值的最大化。”当译者的价值判断聚焦在翻译质量时，他们笔下是没有或少有读者的，他们不会充分意识到他们的翻译行为是传播的组成部分。强调图书翻译评价重在传播效果是将目光集聚到读者，是以读者为中心开展图书翻译，是努力通过译作影响读者进而影响图书传播渠道、媒体、文化和社会等。

5R 评价理论模型强调实用性。图书翻译出版的 5R 评价强调实用性指图书翻译评价的可操作性。这种可操作性主要表现在：第一，图书翻译评价的道理容易理解，逻辑非常清晰。第二，图书翻译评价的指标设置有效、合理和灵敏，和图书翻译充分匹配，能充分反映图书翻译的主要特性。第三，图书翻译评价的数据来源确定，数据可得可靠，分析处理简单。第四，图书翻译评价的过程可控，结果可信，效度显著。在图书翻译出版过程中，“主要利益相关者既包括译者、作者以及实现翻译信息接受目标的读者，也包括管理翻译及出版活动的出版机构及赞助方；次要利益相关者包括翻译评论家、翻译研究者、高等院校、译者培训机构、相关政策制定者等，也包括间接受到该过程影响得社区、社会公众、政府组织等”。着眼于翻译质量，则翻译评价的主体主要是译者本人，而在传播视野下评价图书翻译，强调图书翻译的社会性和目的性，实际上是看重图书翻译对利益相关者的价值。如果这种价值既是可预测的也是可实现的，那么图书翻译的实用性就突显了。

（二）5R 评价的模型和指标

5R 评价界定。5R 取自 5 个英语单词的第一个字母，这 5 个单词是 Rendering（翻译）、Releasing（发行）、Reading（阅读）、Reviewing（评论）、Recreating（再造）。从传播过程看，图书翻译对应内容，图书发行对应渠道，图书阅读对应读者，图书评论、文化再造对应效果。从传播效果看，图书评论和文化再造基于图书阅读，通过阅读得以实现，而图书阅读的结果和效果借助图书评论和文化再造得以表现和体现。从 5R 间的关系看，5R 评价的基础是图书翻译，其重点是图书的传播效果，其关键是图书发行和阅读。

5R 评价模型。5R 评价是对图书翻译价值高低的评定。从主体看，出版主体的角色是赞助人，是作用于图书翻译、图书发行、图书阅读、图书评论、文化再造及其组成的整体的外在力量，同时接受这些组成部分的反作用；读者是图书翻译的受众，是对图书翻译过程和结果起决定性作用的评判者；译者是出版主体和读者之间的中介，是图书翻译的直接主体，了解、理解和接受出版主体的要求并将这些要求融入图书翻译中，创造性地满足读者的阅读需求。从对象看，译作既是译者的产物，也是阅读的客体。因此，作为图书翻译价值的载体，译作是5R评价模型的中心；作为图书翻译价值最相关的两重主体，译者和读者是5R评价模型的两端。译者通过翻译活动产生译作，译作通过发行到达读者手中，读者通过阅读评判译作，翻译是译者和读者的对话，反馈是读者和译者的交流。

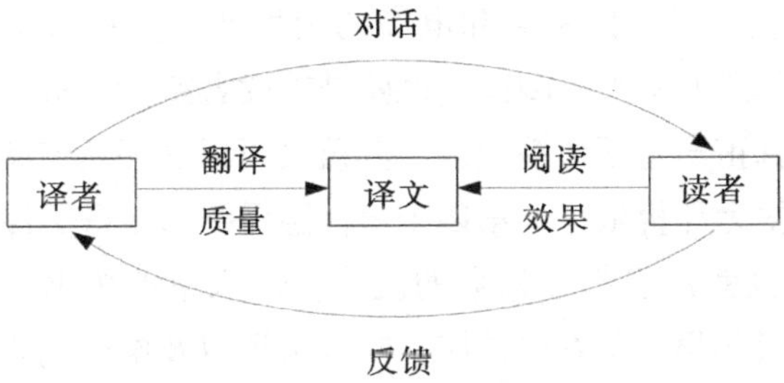

图6.1　5R评价模型

在5R评价模型中，图书翻译价值包含两大部分——翻译质量和阅读效果，阅读效果也是翻译效果。冯平将翻译评价分为翻译审美评价、翻译道德评价和翻译功利评价。翻译审美评价，即译者对原作和译作的审美能力，用正确的审美观、审美标准把握原作和译作。翻译道德评价是指译者的翻译职业道德，判断原作、译作，使译作忠实于原作又能被读者接受。翻译功利评价指译者迎合目标读者的需要，对译作进行的判断和选择。这是对图书翻译质量要求和标准的确立，值得借鉴。同时，这种评价涉及读者需求，但是没有把它放在传播过程和传播效果的地位和价值层面予以特别强调。5R 评价模型在图书翻译质量评价成果的基础上，把翻译效果作为重要的价值评判标准予以强化，同时把这种评价从翻译过程中拿出来，放在传播系统中，以不同于图书翻译质量评价的方式实施。

5R 评价指标。5R 评价模型以传播过程为内在逻辑，在传播效果上表现为依次上升。第一个 R，图书只是完成了内容的语言转换，从传播学来说只是实现了译者自身的人内传播，第一个 R 的评价是依据译作对原作的忠实和译入语读者的接受程度。第二个 R，翻译图书实现了发行，也就是进入了大众传播渠道，第二个 R 的监测可以实体书店和电商的销售数据为评价依据。第三个 R，翻译图书实现了阅读，也就是被读者接受，进入第三个 R 表明图书真正产生了传播效果，其监测可以图书馆借阅记录和零售销售数据为评价依据。第四个 R，翻译图书获得了传播过程的“反馈”，也就是引起了社会的反响，进入第四个 R，表明图书的翻译出版获得了良好的效应，专业书评以及电商销售平台的评价留言可作考察的依据。第五个 R，翻译图书在译入语地区获得了极高的接受度，成为译入语地区文化创新的元素，这是图书翻译出版的最佳效果，这可以通过翻译图书被改编成新的形式产生了二次或多次传播来考察。

5R 评价指标的确立原则是科学性、客观性和包容性。科学性指 5R 评价指标具有理念基础，内在逻辑清晰，方法论得当。在理论上，它基于翻译学理论，引入传播学理论。在方法论上，它强调系统性、结构性、整体性，遵循评价的规律和规则，特别注重指标间的关联。客观性指 5R 评价指标尊重图书翻译的规律，与其本质和特性充分一致；符合国际传播的规律、逻辑和特点；指标的内涵、外延界定明晰，数据测量方法准确。包容性指5R评价指标融合图书翻译和传播的各因素，既适应环境和时段的需要对特定的图书翻译价值予以评价，又可以根据环境和时段的变化进行相应的指标增减，是开放的体系。

5R评价指标的确立思路是根据图书翻译的特性，遵循翻译学和传播学的规律，将影响图书翻译质量和译作传播效果的种种因素，转化为可测指标，分别赋予不同的权重，形成分部分分层次多指标的量化评价体系，实现结果的确定性和得分的可比较性，具体包括“软硬并举、双效并行”“主客结合、性量兼顾”“部分区别、层级差异”。“软硬并举、双效并行”指5R评价指标注重发行量、读者量所显示的硬实力和能力，也注重读者阅读程度、读者和媒体评价、影响文化和社会发展等效果方面的软实力；注重社会效益，也注重指向经济效益的发行范围和数量。“主客结合、性量兼顾”指5R评价指标以客观因素为基础、以量化数据为基本，也基于实情确定定性分析的标准。“部分区别、层级差异”指5R评价指标分为图书翻译质量和翻译效果两部分，每一部分因为价值差异呈现出不同层次。

表6.1　5R评价指标体系

一级指标		二级指标		三级指标		定性	定量	综合
名称	权重	名称	权重	名称	权重			
翻译质量	50%	审美性	20%			好/一般/差		
		道德感	20%			好/一般/差		
		读者意识	10%			好/一般/差		

续表

一级指标		二级指标		三级指标		定性	定量	综合
传播效果	50%	发行	10%	区域（发行国家数）	5%			
				发行数量（册数）	5%			
		阅读	20%	收藏图书馆量和收藏数	5%			
				电商零售销量	15%			
		评价	10%	平台留言量和好评率	5%			
				媒体评论量和好评率	5%			
		再造	10%	再次或多次传播现象	5%			
				衍生产品量和现象	5%			

5R 评价的一级指标图书翻译质量和翻译效果各占 50% 的权重。二级指标中的审美性、道德感、阅读各占 20% 的权重，读者意识、发行、评价、再造各占 10% 的权重。三级指标中的电商零售销量占 15% 的权重，区域（发行国家数）、发行数量、收藏图书馆量和收藏数、平台留言量和好评率、媒体评论量和好评率、再次或多次传播现象、衍生产品量和现象各占 5% 的权重。

5R 评价的指标中，翻译质量的评价属于定性评价，翻译效果的评价是定量评价基础上的定性分析，最终，将图书置于一定时段的一类书中进行综合分析后判断所处层次和所具有的价值。

（三）5R 评价的运用

5R 评价助推对外翻译出版，提升国际传播效果。5R 评价是一个实用性、可操作性强的评价体系，具有简便直观的特点，可以在翻译出版界推广。

5R 评价助推出版“走出去”，首先表现在翻译上。翻译是出版“走出去”的瓶颈，这主要表现在：翻译人才不足，译者动力不足，译作对外传播性不强。5R 评价提高图书翻译的价值获得感，可以吸引更多人才投身对外翻译，可以提高译者的积极性和投入程度，而图书翻译质量和传播效果的互推，既利于提升译作的国际传播特性，又利于译者充分参与到对外传播的活动中。其次，5R 评价助推出版“走出去”体现在解决图书对外翻译出版的评价上。缺乏可操作性的评价工具是出版“走出去”的障碍。出版“走出去”战略实施以来，许多力量都在参与，但是，不合理的绩效评价不但没有起到促进作用，反而让部分参与者少了积极性。5R 评价可以让出版“走出去”的实践者体会到真抓实干的获得感、因为投入而收获的价值实现感，可以让出版“走出去”的管理者得到衡量、评价图书“走出去”和“走进去”绩效的工具，既掌握科学、合理的评价理念，又能给出令人信服的评价结果。

5R 评价促进翻译水平的提升。5R 评价同时强调图书翻译质量和传播效果，以翻译质量保障翻译效果，以翻译效果达成翻译目的。20 世纪 80 至 90 年代，在德国兴起“翻译目的论”（Skopos Theory），该理论提出决定译者翻译策略的基础是翻译活动的各种功能。显然，在翻译目的的导引和拉动下，翻译实践的动力更足。5R 评价从图书翻译质量拓展到翻译效果，将译者的视野从基于语言转换的文本追求扩大到基于追求文本质量的更广空间，这在挑战译者素养和能力的同时，用更高的要求促使译者围绕原著和译作做更多调查研究等准备，从而提高译作质量和与读者、社会的匹配性。在翻译效果的追求过程中，译者有更多机会从后台走向前台，在聚光灯下展现魅力和风采，在读者、社会等认同和肯定中享受价值实现带来的成就感，实现积极激励。

5R 评价是翻译传播学理论的组成部分。翻译学运用传播学阐释和加强建设已有较长历史。20 世纪 60 年代，美国语言学家和翻译理论家尤金·奈达（Eugene A. Nida）将通讯论和信息论融入翻译研究，翻译学和传播学走近，翻译传播理论出现。20 世纪 70 年代，德国翻译理论家沃尔夫拉姆·威尔斯（Wolfram Wilss）的著作《翻译学：问题和方法》（*The Science of Translation: Problems and Methods*）是翻译传播理论诞生的标志。我国最早将传播学理论与翻译联系起来的学术文章是 1991 年发表在《固原师专学报》第 1 期的《试从信息论的观点看语际翻译的信息转换过程》，该文用香农（Shannon）的信息传递模式解释翻译中的信息传递过程。1997 年，吕俊发表在《外国语》第 2 期的《翻译学——传播学的一个特殊领域》一文，首次在国内完整地提出了翻译学传播理论，阐释了将翻译学纳入传播学范畴的理由。然而，翻译学和传播学始终没有真正融合，翻译学始终没有在既借力传播学又不失学科定位和特性方面取得实质性突破，这当然涉及各方面的原因，但是，未能尊重翻译的实践特性，从传播学引入理论和方法，提高翻译的价值和地位，是重要的原因之一，因为翻译的实践性决定了它必须和时代的精神与要求结合，才可能彰显其价值、提升其地位，而翻译价值的充分实现必须借助传播，不但需要传播的理论指导，而且需要在传播中体现。翻译传播学是融合翻译学和传播学并建立交叉学科的创新举措，是针对翻译学、传播学的特性，直面翻译学的问题而提出来的。5R 评价以图书翻译为对象，是翻译传播学在特定领域的理论应用和实践深入，是翻译传播学的重要组成部分。

第三节　精心选择图书的推广书目

（一）《中国图书“走出去”基础书目》的意义

制定《中国图书“走出去”基础书目》，是原国家新闻出版广电总局“十三五”时期加强国际传播能力建设工作的一项重要举措，对于提高出版走出去的内容质量、提升国家文化软实力、加强国际传播能力建设具有重要意义。在建设“走出去”基础书目库过程中，精心遴选出一批“走出去”的常备、重点和基础书目，更有利于讲好中国故事、发挥示范引领带动作用，让更多体现中国精神中国价值的优秀图书走向世界。

（二）进一步优化推广书目产生的机制

优化中国经典作品推广书目需要从源头做起，首先便是优化推广书目的产生机制，提供优秀的作品。

一是要从国家层面推动经典作品的创作生产。要克服“有高原没高峰”的现象，促进各类中国经典作品的创新。

二是要组织创作针对国外市场的经典作品。目前对国外输出版权的作品都是面向国内市场的，可以专门为国外读者学习研究中国文化创作作品，开发外向型选题。

三是重视推广书目的论证遴选。可以面向全社会征集书目，然后组织专家进行论证，尤其要重视国外专家、读者的意见。

四是重视推广书目的积累和常备书目的修订。目前还只推出了《中国图书“走出去”基础书目1》，要考虑每年推出新的《中国图书“走出去”基础书目》。对于那些常备性的书目，要组织专家针对读者阅读心理的变化进行修订。

第四节　本土化战略的具体实施路径

“本土化”是关于中国出版“走出去”的一个探讨了很久的命题，可以说从中国出版实施“走出去”战略以来就一直在不断地探索。这方面的文章也很多，分别从选题、作者、版权贸易、国际展会、出版合作、出版融资等各个方面进行过研究。

“本土化”的必要性毋庸置疑，这从中国出版界的不断探索就能知道，国外终端阅读的调查也证实了这一点。李清柳、刘国芝调查研究了英译中国现当代小说在美国的传播，得出了结论：“在美国出版的中国现当代小说传播范围大大超过了在中国出版的同样作品，有很多小说传播范围大几十倍。研究发现中国的出版社与美国的出版社联合出版发行同一部英译小说作品在美国的传播范围也大大超过中国的出版社单独出版的英译小说。这充分说明利用美国出版社的出版发行和传播渠道是促进和扩大中国现当代小说在美国传播的有效途径。……把版权输出给美国和世界著名出版机构，也是扩大中国现当代小说在美国传播的有效途径和方式。”

激发国外出版机构传播推广中国经典作品的动能。畅销图书的版权输出与市场销售给我们提供了一个考察“本土化”实施路径的良好视角。西方的一些畅销图书一问世，中国市场就会出现对其版权的竞购，如当年《哈利·波特》《世界是平的》等图书的中文版权，由于国内多家出版机构的竞购，版权转让价格一抬再抬。每届诺贝尔文学奖还未揭晓，国内的一些出版社就摩拳擦掌，准备竞购中文版权。然而，中国的畅销图书却很少引起国外出版机构如此狂热的关注和竞购，2012 年莫言获得诺贝尔文学奖，也没有在国际上引起其他语种的版权竞购。其原因就是中国庞大的阅读市场使国内出版社从购买国外畅销图书版权中可以获得丰厚的利益。随着中国的不断发展，各国对中国的关注、对中国文化产品的需求不断升温，中国经典作品的国际市场不断扩大是必然的趋势。因此，要激发国外出版机构关注和参与的动能，就要使“经典中国国际出版工程”“丝路书香工程”“中国图书对外推广计划”品牌化，成为优质出版资源的汇聚之地。

建立国外出版机构引进中国经典作品的服务机制。相对来讲，中国的出版机构对国外文化的了解要多于国外出版机构对中国文化的了解。即使如此，国内出版业为了引进国外优质资源，设立了不少版贸机构，有些大型出版集团还在国外聘用了书探，帮助寻找畅销图书版权。国外出版商虽然有引进中国优质图书的渠道，但因为从业人员对中国出版和中国文化缺乏了解，对什么样的图书适销对路缺乏足够的判断力。因此，可以鼓励支持国内外的版贸机构开展为国外出版商寻找中国优质图书版权的服务，为国外出版商提供“书探”。

促进中外出版机构的深度合作。推动各类所有制企业开拓国际出版市场，提高本土化运营能力，是今后的发展方向。国内出版机构对外翻译出版经典作品，目前仍然是中国文化“走出去”的重要方式，但由于缺乏对国外图书市场和读者阅读心理的了解，不容易做到出版产品的本土化。因此，最好与国外出版机构合作，从选题策划、作品翻译到出版营销的运作各个方面进行深度合作，这样才能真正提高本土化的运营能力。在出版形式上也需要借鉴国外出版社的经验，如麦克米伦为了满足研究者对了解学术前沿动态的需要，把学术图书的篇幅缩短到 10 万字左右，介于论文与专著之间，我们在对外翻译出版学术著作时就要参考他们的这种做法。在发行渠道上，国内出版社在与国外发行商、出版商签约的过程中，往往不容易做出准确的判断，出现后期运作困难的局面。因此，除了重视版权转让之外，还要重视对发行渠道的研究。

中国经典作品传播与推广的本土化，最根本的是提高作品的翻译水平。好的作品没有好的翻译，就难以被外国读者接受，传播的效果就不会好。高端翻译人才的缺乏是中国经典作品传播与推广的困难之一。同时要加强翻译理论的研究和创新，翻译传播学将传播学的理论方法引入翻译学研究，可以为中国经典作品的传播推广提供理论指导。

第五节　中国图书的数字化推广

数字阅读与纸质阅读是目前并行发展的阅读方式，而且数字阅读发展越来越快，越来越受年轻读者欢迎，因此中国经典作品传播与推广的数字化是必然的趋势，是提升中华文化传播力和竞争力的机遇，也是我国出版“走出去”新的切入点。

相比西方发达国家经典作品的数字化传播水平，我国经典作品数字化国际传播还有很长的路要走。发达国家的经典作品的数字阅读产品在中国很多，且形式多样，非常容易获得。而中国的经典作品在国际上的数字阅读产品是很少的，这在中西文化交流中是不对等的。事实上，国外读者对中国经典作品也具有数字阅读的需求，2014 年 9 月，山东省在新西兰举办尼山书屋时，新西兰方就提出希望提供数字阅读。国家的相关政策已经注意到了这个问题。要鼓励传统出版企业整合内容资源，生产外向型数字出版产品，同时要推动中国图书直接面向海外读者，实现图书线上“走出去”。中国经典作品海外传播的数字化可从四个方面展开。

一是对于在国外传播中已经产生重大影响的经典作品，如果没有数字阅读产品的，促使其实现数字化。原国家新闻出版广电总局已经启动了这项工作，将“经典中国国际出版工程”“丝路书香工程重点翻译资助项目”等已经结项的图书进行标准化加工，按类别设计成不同的数字阅读产品，由各出版单位承担内容建设，由中国图书进出口（集团）总公司承担技术开发与运营、项目品牌打造与海外推广营销等工作。这项工作还有待从政策层面加以推动，应该出台政策，对“中国图书对外推广计划”“经典中国国际出版工程”等国家资助并已经出版的外译经典作品全部数字化。数字化所需要的经费可以由原出版单位提出申请，由国家提供。比如“大中华文库”，这套书规模宏大，出版时间很早，前后有汉英对照版 110 种，多语种对照版 210 种，“一带一路”语种版 80 多种，如果能够开发出适合国际传播的数字阅读产品，将极大地提升中国经典作品在全球的影响。这项政策的出台，将推动国家重点资助项目发挥政府重大工程的集约化和引导作用。

二是调整完善政策，引导经典作品国际传播的数字化。在对经典作品传播与推广的认识上要更新观念，对经典作品的版权输出要全面认识，对版权输出的认识不要止步于图书版权，既要重视纸质出版的版权输出，也要同样重视数字版权的转让。中国经典作品的数字阅读产品的国际传播是有广阔前景的，如中国人民大学出版社从 2006 年起，先后以“五年期非独家”的授权、“打包”授权、“包月”授权、“网站出租权”等灵活的方式，销售《21 世纪英汉大词典》的数字版权，获得了丰厚的经济效益。这给商务印书馆的《新华字典》《现代汉语词典》，中国大百科全书出版社的《中国大百科全书》，上海辞书出版社的《辞海》等中国经典工具书的国际传播提供了借鉴。因此，有必要在政策上进行调整，鼓励支持经典作品的数字版权输出。可以在

“中国图书对外推广计划”“经典中国国际出版工程”等项目申报中，要求申请的出版单位对经典作品数字化。在数字出版“走出去”的政策中把经典作品数字阅读产品“走出去”放在重要地位，推动中国经典作品的数字版权输出。

三是多种方式推送中国经典作品的数字阅读产品。首先，要充分利用提供数字阅读的渠道商。亚马逊和苹果是全球性的提供数字阅读产品的渠道商，利用这样的平台推送中国经典作品的数字阅读产品事半功倍。除了这些大的渠道商之外，国外还有一些区域性的中小型的渠道商，我国的出版机构可以跟他们合作，促使经典作品的数字阅读产品的全覆盖。如山东省与新西兰共建数字尼山书屋，将其落地新西兰亚洲图书文化中心，使习惯于屏幕阅读的年轻人有了更深入了解中国文化的窗口。其次，与世界各地图书馆包括数字图书馆合作，为读者提供中国经典作品的数字化阅读服务。可以借鉴爱思唯尔、汤姆森路透、威科、阿歇特等专业型数据库生产企业的做法，以世界各地读者需求为目标，聘请专业编辑将数据库的用户体验做到极致，研发各种类型的中国经典作品数据库。同时与世界数字图书馆（the world digital library）、英捷特全球数字图书馆（Ingenta Connect）这样的数字阅读平台合作，为读者提供数字化阅读服务。最后，还要鼓励国内的数字出版机构和渠道商“走出去”，与国外同行企业合作，开拓海外市场。如2011年，中文在线与英捷特全球数字图书馆合作，共建“海外数字图书馆”，实现了中文在线的数字内容通过英捷特的平台实现25000家海外图书馆的可见和可售。对于相类似的出版机构“走出去”建设数字阅读平台，国家应该给予大力支持。

四是开展中国经典作品数字化传播与推广的研究。与发达国家比较，我国在数字阅读产品的营销方面有些滞后，要加快开展数字阅读产品开发和平台建设的技术研究；根据国家需要，开展中国经典作品数字阅读在美国等西方发达国家、中国周边国家和"一带一路"沿线国家、非洲国家和南美国家的读者市场研究；举办相关的编辑、出版和技术人员培训，提高国内出版机构面对国际市场的数字化生产营销的运营能力。

第六节　大力培养出版国际传播人才

人类文明互鉴、文化融合的迫切需求与新时代出版国际传播人才的匮乏之间的矛盾日益突出，新的国际关系格局对出版国际传播人才提出了新的要求。2021 年 5 月，习近平总书记在主持中共中央政治局第三十次集体学习时强调，要全面提升国际传播效能，建强适应新时代国际传播需要的专门人才队伍。党的二十大报告指出，"坚守中华文化立场，提炼展示中华文明的精神标识和文化精髓，加快构建中国话语和中国叙事体系，讲好中国故事、传播好中国声音，展现可信、可爱、可敬的中国形象。加强国际传播能力建设，全面提升国际传播效能，形成同我国综合国力和国际地位相匹配的国际话语权。深化文明交流互鉴，推动中华文化更好走向世界"。在中国出版业"走出去"的背景下，出版国际传播人才培养面临新的机遇和挑战。政府、企业、高校应携手，基于三螺旋理论视角推进协同育人，政府应建强出版国际传播人才培养行政链，企业应建通出版国际传播人才培养生产链，高校要建稳出版国际传播人才培养科学链，努力培养能够满足新时代需要的高层次复合型出版国际传播人才。①

---

① 曾雨荪，王海刚．三螺旋理论视域下国际传播人才培养的进路［J］．出版广角，2022（14）：86－90.

一、三螺旋理论的内涵

三螺旋理论最早由美国遗传学家理查德·列万廷在《三螺旋：基因、生物体和环境》中提出，即基因、生物体和环境间的关系类似三条螺旋缠绕在一起，基因和环境是生物体的因，生物体又是环境的因，而基因以生物体为中介，成了环境的因，三者互为因果关系。1995 年，亨瑞·埃茨科瓦茨首次将生物学的三螺旋概念运用到知识经济时代，将政府、产业与大学三者之间相互影响、协同发展的关系总结成一种区域发展创新理论。他提出三螺旋模型的结构是由政府、产业、大学三个不同的领域组成的。这三个领域以市场需求为纽带，相互合作、相互交叠，共同推动知识生产和传播，三者相互影响而又螺旋上升的动态关系，形成社会协同创新发展的基础和动力。后来，学者引申出人才培养的双三螺旋模型（包括内三螺旋、外三螺旋）。内三螺旋是指知识、能力、素质三个内部因素，三者相互关联、发挥合力，成为培养人才的重要动力。外三螺旋分别包含涉及地方性、区域性、国家层面的政府部门，涉及高科技创业公司、大型企业集团和跨国公司的产业部门，以及大学和其他知识生产机构。这三个环境因素共同发挥功能，相互交叉融合，围绕技术创新和知识转化，推动创新活动不断涌现。①

三螺旋模型超越了以往的大学-产业、大学-政府、产业-政府的双螺旋关系模式，为出版国际传播人才培养提供方法论意义上的研究工具。其核心路径在于通过对人才知识、能力、素质三方面的协同培养，使其能力螺旋式上升。同时，政府、企业、

① 孙祥冬，姚纬明．双三螺旋模型理论与人才培养模式的创新［J］．南京社会科学，2012（12）：124－130.

高校应以培养人才为目标，整合各自的优势资源，形成行政领域、生产领域和知识领域三力合一的外三螺旋关系，为出版国际传播人才培养提供强有力的政府支持、宽阔的社会环境和扎实的学界理论支撑。内外三螺旋模型在交叉影响下，能够促进出版国际传播人才综合水平螺旋式提升。

二、政府建强出版国际传播人才培养行政链

出版国际传播人才培养行政链由政府主导，政府是创新活动的引导者、协调者和保障者。政府从国家发展战略出发，加强宏观调控，完善顶层设计，为企业和高校提供政策和资金支持，大力营造吸引人才、留住人才、用好人才的生态环境，构建国际传播人才培养新模式。

（一）创新出版国际传播人才的培养体系

政府需坚持以自主培养人才为基础，引进人才为延伸，建立健全生力军培养、创新团队培养、领军人才培养三者并行的出版国际传播人才培养体系，打造新时代国际传播主力军。政府协同高校加强培养青少年成为出版国际传播人才的新生力量，特别注重在国际环境中成长起来的留学生、青年科技工作者和国际传播基础研究者，采用组织审核、公开选调等方式，深入挖掘，人尽其才。例如，2009 年，政府联合六大主流媒体制定了培养国际新闻传播后备人才的方案，在清华大学、中国人民大学、中国传媒大学等高校招收国际新闻传播硕士研究生，此举是政府站在国家战略的高度，为中央媒体培养后备人才。[①] 借鉴这一做法，新闻出版行政管理部门可以联合中国出版集团、湖南出版投资控股

① 高晓红，赵晨，赵希婧．中国特色国际新闻传播人才培养模式与创新．对外传播，2015（6）：48.

集团、江苏凤凰出版传媒集团等知名出版集团，共同制定培养出版国际传播人才的方案，在高校招收国际出版与传播硕士研究生和博士研究生。

政府协同企业，坚持推动创新团队成为出版国际传播人才的中坚力量，放大创新平台“强磁场”，针对不同年龄、不同层次的出版国际传播人才，制定有指导性的培养计划，建立灵活的人才流动机制，结合专业背景及技能，重点提升人才的创新思维和能力。政府协同企业、高校，不断推动“高精尖”领军人才成为出版国际传播人才的核心力量，并重点培养国际出版与传播理论研究专家和业界专家，运用量体裁衣、人事相宜的用才方针和政策支持，激发高端出版国际传播人才尽显其能、勇于创新的生命力。

（二）构建出版国际传播人才驱动的交流平台

政府、企业、高校共筑出版国际传播人才干事创业新平台，建立健全包含国际人才汇集区、政产研样板区、融媒体传播先行区、创新人才引领区的优质生态圈。政府坚持“聚天下英才而用之”，广开进才之路，广纳天下贤能，构建联动式、立体式的全球竞争力人才平台，实现各类人才资源的对接和开发，为加快建设世界重要人才中心和创新高地添砖加瓦。政府注重与高校搭建产学研合作平台，如中国外文局与中国人民大学协同推进国际传播人才培养和学术研究的合作创新，中国外文局全国翻译资格（水平）考试办公室与华侨大学共建国际传播人才培养基地。

（三）健全出版国际传播人才发展的保障机制

地方政府应建立健全政产学研合作的体制和人才服务保障机制，让尊才、爱才、用才在中国大地蔚然成风。以政策聚人、以环境引人、以机制留人，为出版国际传播人才提供全周期、全要素、全流程的服务保障体制，让人才各展其长、各得其所、各取所需，是地方政府在健全人才服务保障机制时的责任与担当。一是通过规章制度、奖励扶持，优化人才保障制度，切实关心、支持人才的工作和生活，营造团结协作的集体氛围，提高其归属感和认同感。二是通过建立健全以创新力、协调力、实践力、传播效果等为导向的出版国际传播人才评价体系，对优秀成果予以支持和推广，完善与人才价值相匹配的薪酬分配制度，增强人才的获得感和成就感。三是建立自我监督、外部监督机制，为公平竞争保驾护航。严格落实人才培养考核机制，用制度保障质量，为出版国际传播能力建设做出贡献。

三、企业建通出版国际传播人才培养生产链

出版企业是人才的需求者和使用者，是政产学研融合的有力促进者，是技术创新的主体，它们共同组成出版国际传播人才生产链。为了实现深度融合，各企业、行业向内自主培养国际传播人才，向外延揽专业传播人才，与高校联合培养国际传播人才。[①] 2021 年第 8 次中国企业形象全球调查面向 12 个国家，共计 6000 份访问样本。调查结果显示，在互联网时代，国际社会对中国企业的工作环境、科技创新、合作成果转化等信息高度关注，中国企业国际传播能力建设大有可为。海外受访者通过社交媒体网站及平台（44%）、新闻资讯类网站（31%）等新媒体渠道获取中国企业的信息。35% 的海外受访者建议中国企业通过加强新媒体传播手段，积极参与当地社会、文化交流的方式，提升

---

① 徐艳珠，张志安．新时代中国企业如何培养国际传播人才［J］．对外传播，2021（10）：19－22.

品牌形象和国际影响力。①

（一）自主培养出版国际传播人才

出版企业自主培养国际传播人才，可从三方面着手。一是遴选专业技术好、媒介素养强、人文政治素养高的人才送往国际传播实践第一线锻炼成才。江苏凤凰少年儿童出版社打开了人才培养的国际化视野：首先，通过参与国际书展和举办主题活动，积极与国外同行交流，了解对象国受众所需，提升国际传播人才的沟通能力和协调能力；其次，通过组稿合作的方式，实现儿童出版“走出去”，拓宽出版人才的国际化视野；最后，选派优秀的编辑到海外学习和研修，如国际知名出版机构日本讲谈社遴选优秀编辑赴其他国家学习宝贵经验，有效提升了国际传播人才的实战经验。二是从出版企业自身的对外传播媒体、国际传播机构、对象国的当地媒体或公关公司调集有经验的国际传播从业者，送往高校进行外国语言和传播技能的“回炉再造”，获取学历、学位的提升。这种传播一线工作者的“再回炉”，补充了传播实践中亟需的理论储备。以上两种培养模式将企业的国际传播人才培养推向系统化、复合化、专业化。三是对出版企业遴选的国际传播人才的研修进行有针对性的短期或长期的海外培训，为培养一批能精通目标国文化和语言、具有编辑出版专业素养的企业决策者、管理者，搭建国际化学习平台，提升人才储备力量。中南出版传媒集团为南苏丹编写小学教学大纲和教材，为柬埔寨高中编写教材，实现我国图书版权以“援外教材”的形式进入海外课堂，以出版产品联通海外人心，以教育的形式为出版国际传播人

---

① 《中国企业形象全球调查报告2021》全文发布！全球青年受访者点赞中国企业［EB/OL］．（2021－12－08）［2022－07－01］．http：//finance. china. com. cn/roll/20211208/5705043. shtml.

才培养奠定基础。四是深化出版企业国际传播人才了解党史、把握中国国情的主题教育和社会教育，深入祖国大地，深入实践和基层，以国际化视野做到“中国问题国际化表达”和“国际问题中国化表达”。

（二）向外延揽出版国际传播人才

一方面，中国出版企业可从对象国的出版机构、公关公司中延揽海外国际传播人才，借助知华友华爱华的国际友人这支特殊人才队伍，为来华在华的外籍人士开展国际传播能力提升方面的培训，增进外籍人士对中华文化的了解。另一方面，中国出版企业可以借助对象国传播人才或公关人才及团队熟悉当地语言习惯、文化思维、社会环境的优势，以“一国一策”“一地一策”的方针为出版企业遴选的国际传播人才提供精准化的培养方案，提高出版人才的国际传播能力。中国建筑材料集团的中埃建材科学实验室积极拓展海外培训业务，既拓宽了当地居民的就业渠道，传播了先进的建材技术，又得到政府及社会的广泛认可，树立了良好的国际形象，为我国出版国际传播人才培养提供了参考。

（三）出版企业、高校联培出版国际传播人才

为培养更多熟悉出版行业动态、契合业界发展要求的国际传播人才，企业、高校可以展开合作。一是招募高校学生进入出版企业实习或将高校学生送往海外分部见习，通过建立实习实训基地、国际传播创新实验班等形式重点培育人才。二是聘请高校国际传播专家进入企业进行相关专题培训，提升出版企业人员国际传播理论素养。三是建立订单式、项目式、联合式等校企人员双向交流合作模式，为高校师生进入企业实践和研究创造途径。例如，2019 年，中国昊远集团与集美大学合作培养“一带一路”

国际人才，昊远集团选拔、资助“一带一路”沿线国家的青年学生到集美大学留学，让海外学生学习中国文化和国际贸易等课程，以此构建中国文化“走出去”的人才基地，可资出版企业、高校联合培养出版国际传播人才借鉴。

四、高校建稳出版国际传播人才培养科学链

高校等学术研究机构，是社会发展的引领者，也是人才培养的需求者和组织者，能够为生产链输送知识和人才，构成出版国际传播人才培养科学链。习近平总书记强调，要加强高校学科建设和后备人才培养，提升国际传播理论研究水平。媒介高速迭代及国际关系日益复杂的新环境，要求高校培养的新时代出版国际传播人才，能促进不同国家、不同文化间相互交流融合创新。截至 2019 年，全国高等职业教育共有 56 个出版及相近专业的办学点；本科教育层面，全国共有编辑出版学本科专业建设点 71 个，数字出版本科专业建设点 19 个；硕士研究生教育层面，全国至少有北京大学、四川大学等 52 个学术型硕士点明确招收出版方向的研究生，有南京大学、北京印刷学院等 28 所高校招收出版专业学位硕士研究生，另外，还有南京师范大学、同济大学等 18 所高校在新闻与传播等专业学位硕士点也开设了出版相关研究方向，招收硕士研究生；博士研究生教育层面，有武汉大学、中国传媒大学、中国人民大学等 17 所高校开设了出版学博士点和研究方向。目前，全国每年招收出版方向硕士研究生 2000 多人，博士生 60 人左右。[①] 这些高校出版专业的学生是培养出版国际传播人才的基础和重点。高校应协同政府、企业，从培养目

① 陈丹，徐露．全国高校出版专业教育现状调研与发展路径分析［J］．出版发行研究，2021（2）：20.

标、课程设置、实践育人、国际合作等方面，共同培养具有家国情怀和国际视野，能讲好中国故事的出版国际传播人才，为讲好中国故事提供智力支持。

（一）协同培养人才多维能力

从国家出版业发展和我国出版业“走出去”的实践来看，当前我国出版国际传播人才供给还远远不足，尤其是亟需培养出版业国际翻译人才、出版业国际版权与贸易人才、跨界编辑策划人才、新媒体技术人才。培养目标的制定应以高校为主，协同政府、出版企业，实施分层培养。本科生培养注重以编辑出版、外国语言文学、国际传播、版权贸易、新媒体技术、营销传播、中西文化比较等基础理论知识为主的通才教育，为培养国际传播新生力量打好根基。硕士生培养在做好国际传播理论教育和实践训练的基础上，增加时政类、经济类、管理类、营销类等课程，重点培养复合型出版国际传播人才。博士生培养则应注重学生科研能力的提升，培养具有独立思考能力的研究型高层次人才。

为满足社会对不同类型的出版国际传播人才的需求，高校可从三个方面进行人才培养。一是加强学生的党史教育和国情教育。高校协同政府、企业，大力开展党史学习教育、中国国情主题教育和社会教育，深入社会，深入企业，以国际化视野做到“中国问题国际化表达”和“国际问题中国化表达”。二是提升学生的跨文化素质和能力，构建学生的情怀内驱力和能力外驱力。如湖南师范大学新闻与传播学院、中南出版传媒集团签署全面战略合作协议，双方利用各自优势在现代出版与国际传播等领域共同组建研究团队，联合开展国际出版、主题出版、融合出版等方面的研究，推动卓越出版人才的培养，共同打造出版传媒业产学研高地。双方共建实践教学基地，让学生通过选题策划、营销传播等实践提升自身跨文化能力，涵养底蕴。三是培养学生掌握技术、运用技术并拓展技术的能力。如今，国际信息的传播已经从文本、图像、音频、视频等单一的媒介过渡到相互融合的跨媒介。为顺应融媒体发展趋势，我国大多数高校编辑出版学专业都开设了与新媒体及互联网相关的课程，以实验教学的模式培养学生的互联网思维和融媒体实操能力。

（二）协同设置课程

出版国际传播人才培养的课程设置应紧密围绕内三螺旋中知识类课程、能力类课程、素质类课程三大课程体系展开。三类课程彼此交叉、协调发展，成为出版国际传播人才培养的基石。

围绕“十四五”规划中建设文化强国的总体目标，高校应明确知识类课程既包含跨学科知识、跨媒介技能、跨文化思维，也囊括社会管理知识、国际前沿知识等内容，并将以上课程进行合理汇总、重构与再造，加快提高人才对新知识存储、运用、传播的水平。[①] 能力类课程与实践活动息息相关，此类课程侧重在校企合作的实践中提升人才的信息传播能力、国际合作能力、跨文化沟通能力、组织协调能力以及应变创新能力，形成能解决实际问题的国际竞争力。针对国际传播人才的素质类课程主要是拓展政治素质、人文素质、媒介素养、职业素养、审美素质、身心素质及社会责任感等内容。[②] 习近平总书记指出，思政课是落实立德树人根本任务的关键性课程。政产学研共同强化出版国际传播人才思政教育、国情教育，使人才能够全面、客观地认识中国和世界，将个人职业规划与国家发展紧密结合，激发其主观能动

---

① 高钢．媒介融合趋势下新闻教育四大基础元素的构建［J］．国际新闻界，2007（7）：29－34.

② 杨柳，吕旦容．媒体深度融合背景下全媒体人才培养探究［J］．中国编辑，2021（5）：18－21.

性，提升向世界传播中国故事的历史责任感。知识类、能力类、素质类课程相互协调，彼此作用，缺一不可。

（三）协同实践育人

实践教学是理论教学的社会延伸，是提升人才协调沟通能力、应变创新能力等综合素质的重要途径。高校应协同政府、出版企业，实施课程实践、项目实践、专业竞赛、专业实习“四位一体”的实践育人模式，在实践中推动出版国际传播人才的培养。

在课程实践过程中，业界专家带领学生在出版一线进行现场教学，实现课堂接轨业界，使学生能够在观摩及亲身实践中提高实操能力。项目实践是政府、出版企业给高校提供国际出版、版权贸易相关项目，能够让学生从理论走向实践，推动出版国际传播人才的培养。专业竞赛是由政府主办的和中外文化传播相关的展演和比赛，高校应鼓励学生积极参加。例如，由国务院新闻办公室指导、中国外文局主办的“讲好中国故事”创意传播大赛，参赛作品以国际视角呈现新时代独具代表性的动人故事。专业竞赛促使学生在比赛中熟悉中国和世界发展大势，注重培养时政理论与科学实践并重的复合型出版国际传播人才。专业实习一般由高校与出版企业共同建设实习实践基地，紧密结合行业需求培养人才。

（四）国际合作育人

高校在国际合作育人方面，应注重三个方面。一是打造中外高校协同培养出版国际传播人才的平台。如北京印刷学院和英国斯特灵大学合作举办传播学（国际出版）专业“3＋1”本硕连读国际班，主干课程包括基础英语、西方国家社会与文化（英文）、出版传播文本翻译（双语）、传播学（英文）、跨文化传播

（英文）、国际出版管理（英文）、当代出版产业（英文）、版权贸易（英文）等。传播学（国际出版）专业为国家“一带一路”建设和出版“走出去”战略培养具备国际出版传播综合素质，能够向世界讲好中国故事，能够在国际出版、新闻传播、文化经贸等领域从事编辑、翻译、管理及商务等相关工作的国际化复合型高级人才。此外，还有复旦大学与伦敦政治经济学院、巴黎政治学院合作的“全球媒介与传播”“媒介与传播”双硕士学位项目，中国传媒大学与加拿大西蒙菲沙大学合作运行的“全球传播”双硕士项目等。二是加强与政府主办项目的合作，提升国际传播能力。如高校可与政府部门共同主办国际图书编辑能力培训班、国际图书营销能力培训班，设置国际市场现状及发展趋势、选题策划与编辑、国际营销与推广、主题出版、数字出版、融合出版、出版高质量发展等培训专题。三是通过留学生渠道助推国际传播人才培养。如武汉大学信息管理学院与美国纽约佩斯大学出版系、湖南师范大学新闻与传播学院与美国密苏里大学新闻学院、北京印刷学院新闻出版学院与斯特灵大学国际出版研究中心开设学生交流项目，此举既可引进国外专家来华讲学，又鼓励教师、学生走出国门，参加学术交流，实现文化往来，为培养复合型出版国际传播人才搭建桥梁。

新时代，政府建强出版国际传播人才培养行政链，企业建通出版国际传播人才培养生产链，高校建稳出版国际传播人才培养科学链，三方优势互补、融合驱动、交叉创新，协同构建人才培养新生态，从知识、能力、素质三方面铸造出版国际传播人才源动力。政产学研的深度融合，将点燃新时代出版国际传播人才培养的新引擎，向世界讲好中国故事，传播好中国声音。

下编

中国图书国际传播个案研究

——中南出版传媒集团图书“走出去”分析

第七章　中南出版传媒集团图书“走出去”概况与发展进程

“文化走出去的关键是文化企业走出去。”① 文化企业是文化传播的主体，是文化“走出去”的重要推手。中南出版传媒集团作为国内大型骨干出版企业，基于自身的出版文化沉淀，结合多年贸易往来的经验，在包括图书在内的文化“走出去”过程中发挥着至关重要的作用。早在中南传媒正式组建成立上市之前，其前身湖南出版投资控股集团有限公司，就已经展开了对出版“走出去”这方面的探索工作。在这一阶段中，有实力发展出版“走出去”的企业寥寥无几，其中沿海企业的图书输出数量较多，但企业发展具有自身独特性，中南传媒地处中部地区，不比沿海企业便利，沿海企业的输出方式并不完全适用，多是依靠自身摸索“走出去”方式。在这期间，能够对外输出出版产品的机会并不多，其中，书展是绝佳机会，可以对外展示中国出版成果，实现国内外出版企业的双向沟通。例如在 2006 年，中南传媒抓住书展机遇，在北京图书博览会上大放异彩，在法兰克福书展上实现多项合作，加强与国际知名出版企业的联系，更借此实现多项版权输出活动。

---

① 李长春. 文化强国之路［M］. 北京：人民出版社，2013：759.

第一节　概况

中南传媒成立以来，以国际图书市场为目标，以传播中华文化为己任，强化组织领导，加大工作力度，推进“走出去”工作实现了“从争形象到做市场，从争数量到争质量”的转变，国际竞争能力显著提升，在国内出版“走出去”方面处于领先地位。① 其输出版权数量从 2008 年的 78 种发展至 2020 年的 300 种，其版权输出范围如图 7.1 所示，逐渐覆盖南非至北欧、东亚至英美等地区。

表 7.1　2016—2020 年间中南传媒版权输出数量

年份	2016	2017	2018	2019	2020
版权输出数量（种）	239	280	281	289	300

图 7.1　中南传媒版权输出范围（图片源自视频《转型的力量》）

中南传媒对于出版“走出去”的探索，不仅为公司带来可

① 张福海，郝振省．新闻出版业走出去工作指南（下册）［M］．北京：高等教育出版社，2014：24.

观的经济收益，拓展了公司在国际上的商业贸易，同时提升了公司在国际出版业界的知名度，更是有助于输出中国文化，促进中华文化的宣传与推广，有利于提高中国的国际影响力。

第二节　发展进程

自 2001 年，我国新闻出版业实施出版“走出去”战略以来，出版从业者意识到了“走出去”的重要性。在这之后，多项相关政策相继推出，如《关于加快我国新闻出版业走出去的若干意见》《新闻出版业十二五时期走出去发展规划》等。同时，国家通过行动，落实了对于出版“走出去”的支持，推出多项关于发展出版“走出去”的工程项目，如“经典中国国际出版工程”“中国图书对外推广计划”“丝路书香工程”等①，为出版企业提供平台、资金的扶持，鼓励出版企业勇于探索海外市场。

在这个过程中，中南传媒响应国家号召，积极参与出版“走出去”的相关工程，更是充分发挥主动性，积极创新输出途径，搭建输出平台，以多种方式实现文化输出。得益于多年的摸索奋斗，中南传媒在出版“走出去”方面形成符合集团特色的体系，而这段奋斗前进的过程，根据中南传媒的发展状况，大致可以划分为初步探索阶段、高速发展阶段、后疫情发展阶段。在初步探索阶段，中南传媒集团尚未组建上市，但考虑到这一时期已经迈出了“走出去”步伐，为中南传媒后续发展出版“走出去”起到了必不可少的奠基作用，因此在这里专门将其列在最前。2008 年，中南传媒成立国际部，自此“走出去”工作愈加

① 邹婷．图书对外翻译出版政策研究［D］．长沙：湖南师范大学，2019.

规范，国际合作项目相继展开，中南传媒踏上高速发展阶段。2020 年初疫情的暴发，对出版业造成巨大冲击，疫情何时彻底消散尚未可知，后疫情时代出版“走出去”的发展亟需探索。

一、2003—2007 年：初步探索阶段

2001 年，我国正式提出发展出版“走出去”。值得一提的是，当年图书版权引进与输出比为 12. 6∶1[①]，版权引进数量远远超出同期的输出数量。巨大的差距并未阻挡出版行业实施“走出去”的步伐，面对不利背景，各大出版集团仍纷纷响应国家政策，开始着眼于出版“走出去”事业的开拓。

在这一阶段，中南传媒还未组建上市，其前身为湖南出版投资控股集团有限公司，作为一家地方国有企业，承担着“走出去”的重任和使命，主动为我国发展出版“走出去”探索前进道路。2006 年，《吴冠中全集》一书，于法兰克福书展成功亮相。凭借精妙选题与匠心制作，以及作者吴冠中享誉海外的声望，成功在法兰克福书展上输出了东南亚版权，创下了湖南单品种图书输出最高码洋的历史记录，而这套书在之后更是大受欢迎，其版权输向世界各地。[②]

无独有偶，中南传媒出版的《世界 50 部经典管弦乐作品》，也借书展机会，举行全球首发式。这套图书是由中南传媒集团的湖南文艺出版社与德国朔特进行合作，两大出版集团合力打造，最终译作中、英、德三种语言，由中南传媒承接印刷工作，在全球范围内发行。德国的出版业相当发达，享誉全球，能够与德国

---

① 杨东营．中国图书对外版权贸易逆差问题研究［D］．兰州：兰州大学，2011.

② 颜华．中南出版传媒集团：为“走出去”搭建更好、更宽的平台［J］．出版广角，2011（04）：22.

著名音乐出版社展开合作，一定程度上表明中南传媒在出版方面的雄厚实力已然获得世界大型出版集团的认可，能够承担印刷工作，也突显出中南传媒旗下的天闻印务公司印刷水平高超。中南传媒的优异表现，收获了时任中国新闻出版总署署长龙新民的认可，他充分肯定了出版湘军在“走出去”方面做的工作。[①]

二、2008—2019 年：高速发展阶段

2008 年，中南传媒深感出版“走出去”的重要性，“国际部”应运而生，集中管理集团与他国出版企业之间的相关合作事宜。国际部成立后，陆续出台了一整套“走出去”的方针与举措，其中重要的一条就是专项负责制，即要求各家出版社安排专人，集中处理国际业务。在全球范围内，通过收集出版信息、网罗出版资源，根据不同需求，开发定制产品。自此，中南传媒的出版“走出去”逐步制度化、规范化，也足以体现中南传媒推动出版“走出去”的决心与信心。

在这期间，中南传媒的“走出去”事业稳定上升。首先就版权输出数量而言，在这一阶段成功突破三位数大关，输出数量成倍增长，以 2019 年为例，中南传媒的版权输出数量已经成功突破 289 项，对比 2008 年的 78 项，其在“走出去”方面的进步程度可见一斑。值得关注的是，中南传媒集团岳麓书社于 2010 年将该社所出版《历史》教材出口至韩国，这是一次创新，我国教科书初次踏出国门，其背后意义非凡。正如中南传媒总经理丁双平所言，“这是中国传统文化寻求当代世界意义所做的尝

---

① 搜狐网. 出版湘军声名远播法兰克福［EB/OL］. http：//news. sohu. com/20061108/n246259354. shtml. 2006－11－08/2022－03－21.

试，是中国传统文化与民族品格在世界舞台之上的一次精彩亮相”①。

在发展出版“走出去”伊始，中南传媒便利用国际化的视野进行出版布局，不断开拓国际市场，致力创新合作方式。2008年，中南传媒与日本角川集团合作，创立合资公司，实现优质资源共享，合作开发产品。2010年，中南传媒与英国出版社共同策划，发行《中国兔年》这一作品的中英文版，与韩国的孔子学院签署合作协议，推出《魅力汉语·读故事学汉语》产品。同年，知名教育出版集团麦格劳·希尔与中南传媒签订战略合作协议，实现资源共享，建立渠道资源互助方案。2015年，中南传媒更是与全球第一大教育集团——培生集团达成合作意向，成功实现教育方面的深度开发。

2015年后，搭乘“十三五”规划的快车，中南传媒的“走出去”事业更上一层楼。2016年，承接援南苏丹教育项目；2017年，入股IPR平台；2018年，越南分社成立，隶属于湖南人民出版社，自此，中国图书进入越南图书市场，有了更为广阔的平台。另外，中南传媒与华为携手打造的数字教育方案——AiClass互动课堂目前已在马其顿二十余所学校成功落地，且二期项目于2020年6月完成签约。

据年报资料，“十三五”期间，中南传媒在出版“走出去”方面的成绩又创新高。其中版权输出与合作出版项目共计1400余项，覆盖全球近百个国家和地区，涉及语言40多种。在这些项目中，入选国家项目的有19项，主题图书《从饥寒交迫走向

① 新浪网. 湘版历史教材走进韩国课堂 湖湘文化海外彰显魅力［EB/OL］. http://news.sina.com.cn/o/2010-08-29/101018036671s.shtml. 2010-08-29/2022-03-21.

美好生活——中国民生70年》直接入选中宣部立项项目，更有多本畅销书，如《你坏》，位列国外馆藏最广排名表中前列。由此可见，中南传媒所出图书在海外同样拥有不少人气。①

值得一提的是，在这一阶段中，中南传媒的海外印刷事业同样发展得如火如荼。2016—2019年，海外印刷销售利润丰厚，产品出口至美国、印度、尼日利亚、孟加拉国、南非、加拿大、墨西哥等六大洲近二十个国家和地区，产品涵盖教材教辅、普通图书、杂志、日历等多个种类，为中华文化“走出去”做出了较大贡献。

由以上信息可以看出，中南传媒的国际化布局逐渐由周边邻近国家扩散到欧美发达国家，合作方式亦包括成立合资公司、合作出版图书、实现资源共享等多种“走出去”形式。综合而言，中南传媒的“走出去”事业在这一阶段呈现高速发展趋势。

三、2020年至今：后疫情发展阶段

2020年疫情席卷全球，直接破坏经济发展，出版“走出去”涉及海外贸易，更是难以幸免。二大图书进出口公司提供的数据表明，多家出版社对外贸易遭受影响，例如2020年第一季度，与2019年同期数据相比，存在显著变化，华语教学出版社的对外贸易额略有下降，高等教育出版社下降幅度显著，为40%，人民教育出版社约有22%的降幅。②

在市场环境不容乐观的情况下，中南传媒却化危为机，逆势上扬，实现疫情防控与出版活动同步发展，在这一年间多项图书

---

① 中南出版传媒集团股份有限公司2019年年度报告［R］．长沙：中南出版传媒集团，2020：10－11.

② 戚德祥，蒋欣悦．新冠肺炎疫情对中国出版走出去的影响及应对策略［J］．中国出版，2020（13）：22－27.

版税交易额创新高。湖南人民出版社所出《社会保障与减贫发展》，输出至巴西、俄罗斯，湖南教育出版社所出“十村记·精准扶贫路”系列图书，输出至韩国、埃及、加拿大、哈萨克斯坦。在防疫问题上，中南传媒不仅向全国少年儿童赠阅防疫相关电子版书籍，同时捐赠多国《读童谣，防病毒：新型冠状病毒防疫绘本》以及《新型冠状病毒感染的肺炎校园防控手册》，充分展现出集团的社会责任感与社会担当。同时岳麓书社所出《历史》教材继多次走出国门后，再度输出至哈萨克斯坦。

第八章　中南出版传媒集团图书“走出去”的成就与成功经验

2011年出台的《新闻出版业“十二五”时期走出去发展规划》，对新闻出版“走出去”的内容进行了明确界定，即推动版权、数字出版产品、实物产品、印刷服务、企业和资本“走出去”①。其中，实物出口和版权输出是图书国际传播的主要形式，其他方式是图书国际传播的相关形式。中南出版传媒集团在推动图书“走出去”的过程之中，既着力拓展图书的实物出口和版权输出，也努力开拓图书国际传播相关的领域，通过横向覆盖、纵向深入的方式，参与国际市场业务。秉持着大型出版集团的社会责任感，中南传媒始终积极发展出版“走出去”事业，主动参与国家实施的多项出版工程，拓展“走出去”的广度与深度。在实施“走出去”的具体过程之中，中南传媒成功实现了实物“走出去”、版权“走出去”、资本“走出去”和技术服务“走出去”等多种“走出去”的形式，同时将各种形式的“走出去”融会贯通，积极争取国家援外项目，为南苏丹搭建教育体系，推动中华文化走向世界。

① 张福海．新闻出版走出去的七个“什么”［N］．中国新闻出版报，2013-06-20（004）．

第一节 成就

一、实物“走出去”

实物出口是较为传统的图书输出方式，近些年，中南传媒旗下的出版社，多是与专业从事图书进出口的公司进行合作，例如厦门外图进出口公司、中国教育图书进出口公司、中国图书进出口公司，以此来实现图书实物贸易。中南传媒旗下出版社众多，每年图书实物出口数量不胜枚举。十多年间，在众多出口图书之中，《吴冠中全集》、《袁隆平的世界》、“大中华文库”、“走向世界丛书”等，都颇具影响力，奠定了中南传媒实物出口的基石。另外，旗下岳麓书社的《历史》与《数学》教材的输出，更是成为我国出版史上的标志性事件。

（一）一般图书的输出

我们平时所说的一般图书，包括散文、小说、游记、诗歌、画册等多种类型，《资本主义大辞典》认为一般图书主要是指面向大众读者，由商业出版机构生产，通过批发、零售等方式销售的图书。这与以下四类图书不同：一是内部发行或者免费发放的图书；二是校内学生和教师群体所使用的教科书；三是政府部门所出的图书；四是采用邮寄的方式所采购的图书。[①] 中南传媒旗下出版社众多，出版范围覆盖全面，涉及专业出版、大众出版、教育出版三大领域，多年稳居国内出版第一梯队。出版的一般图书种类齐全，数量丰富，市场占有率位列全国前三，多年来已在

① 耿鹏．SDJY 出版社一般图书线下营销策略研究［D］．济南：山东大学，2019.

行业内形成良好口碑。在涉及“走出去”的一般图书中，《吴冠中全集》和“走向世界丛书”是典型代表，均取得了优异成绩。

《吴冠中全集》是2006年湖南美术出版社历时3年倾力打造的作品，首开中国出版史上为在世艺术家出版全集的先河。[①]该套图书制作精美，把关严格，质量上乘，更因为吴冠中先生在海外享有盛誉，拥有大批海外粉丝读者，将其输出契合海外市场需求。2006年，在法兰克福书展上，湖南美术出版社成功打破当年图书销售记录，实现单品种图书输出近200套，收获近150万元码洋。[②]在法兰克福书展上中南传媒的优异表现，不仅促成《吴冠中全集》一书成功走向世界，中南传媒更是借此为其版权输出打下良好基础，推动图书出口贸易发展。

“走向世界丛书”同样具有很大影响力。自1980年印行第一本，至2016年全面完成续编工作，“走向世界丛书”终于在2017年以全新的面貌上市。2017—2019年间，“走向世界丛书”实现6万余元输出码洋，输出数量超500册。作为珍贵史实资料，该丛书记录了部分近代中国的对外发展过程，通过描述生动故事与刻画历史背景，帮助海外读者以新颖的角度了解中国走向世界、解放思想的发展历史。[③]发展至今，“走向世界丛书”已是有口皆碑。1986年出版的丛书之一种曾荣获“中国图书奖”，在数十年后，该书仍被海内外人士时常提起，无论是学术文化界，还是新闻出版界，都认可其价值，认为这是20世纪80年代

---

① 王坤宁．《吴冠中全集》未出版先输出［N］．中国新闻出版报，2007－01－17（004）．

② 颜华．中南出版传媒集团：为“走出去”搭建更好、更宽的平台［J］．出版广角，2011（04）：22.

③ 吴茵．岳麓书社出版“走出去”研究［D］．长沙：湖南大学，2019.

最具影响的大型丛书之一。①

（二）教材图书的输出

除一般图书外，在教材输出方面，中南传媒同样取得不俗建树。就国内而言，中南传媒一直是湖南省教材供应商，在教材教辅领域深耕多年，具备丰厚的教材开发经验。中南传媒所出教材声名远播，海外订单纷至沓来。例如在 2010 年，韩国的祥明大学首次引进中国出版教材，即岳麓书社版的《历史》教材，将其作为校内学生的中文系教科书。台湾地区也在同年引进了湖南教育出版社所出版的《数学》教材。另外，这两次贸易活动均保持了教材的完整性，未对其作较大改动。在这之后，中南传媒的教材广泛输出，被世界多国积极引进。即便过去了十几年，岳麓书社版《历史》教材仍然大受欢迎，屡次走出国门，输出至世界各地。《历史》教材的输出，打开了我国教材走向海外的大门，可以看作我国出版史上的标志性事件。事实上，中南传媒教材的输出不仅为我国教材输出打下了良好的基础，同时考虑到教材在图书中具有独特地位，教材输出更是体现出世界对我国文化水平的认可，表明我国在国际上的影响力正逐渐加深。

二、版权“走出去”

版权输出向来是出版社或出版集团实现产品输出的主要方式。在国家政策的引导之下，出版社积极促成国际出版合作，版权输出的数量持续增加。中南传媒在版权输出方面向来表现亮眼，国家也高度肯定中南传媒的版权输出事业。例如在 2018 年时，公司获评年度“中国版权最具影响力企业”“中国版权特别

① 范军，胡敏．“走向世界丛书”的出版文化价值［J］．出版发行研究，2010（01）．

贡献奖”，并被国家新闻出版署授予“优秀版权输出奖”。中南传媒在版权输出方面主要表现出以下几个特点。

（一）版权输出数量逐年攀升

“十三五”期间，中南传媒的年度版权输出数量分别为239种、280种、281种、289种和300种。从图8.1的折线图中，可以看出输出数量始终呈现上升趋势，在国际贸易受世界经济政治文化等各方面因素影响之下，能够保持上升趋势实属不易。这样优异的成绩，在行业之中处于佼佼者的地位。回望2010年前后，中南传媒版权输出数量仅在100种左右，发展到今天，已经突破300种。数量上的攀升表明了中南传媒在发展出版“走出去”方面的坚持与信心。这十年间，中南传媒始终坚定不移地以国家政策方针为导向，在原有成就基础之上，坚持发展出版“走出去”事业，创新“走出去”的方式和途径，数量的增加正是对其努力的肯定。

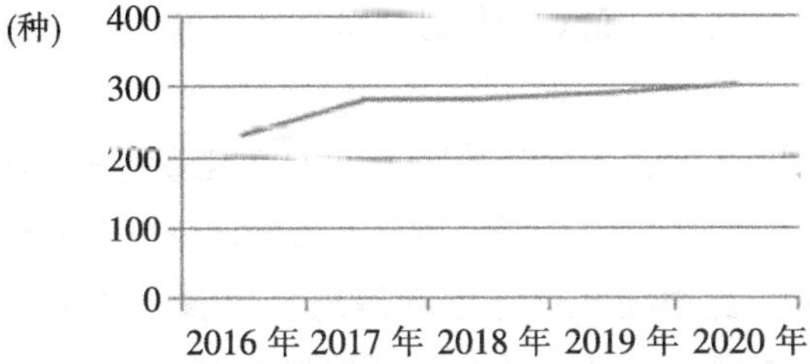

图8.1　“十三五”期间中南传媒版权输出数量

（二）版权输出的图书种类丰富多样

分析中南传媒近几年图书版权输出情况，可以明显看出中南传媒输出版权数量提升的同时，输出种类也有所拓展。除原有图书种类外，中南传媒的主题图书、教材和典籍输出同样表现不俗。

坚持国家导向，发展主题图书。近年来，中南传媒积极进行主题图书的开发，并取得了较好的成绩。《人类命运共同体——全球治理的中国方案》《新常态下的大国经济》等图书，在海外图书市场畅销。2019 年，中南传媒对外出口图书中，主题类图书占比 24%。[①] 推动主题类图书出口，可以向世界介绍中国，展示中国的发展变化。

挖掘自身优势，发展教材图书。中南传媒旗下岳麓书社所出版《历史》教材多次走出国门，自 2010 年输出韩国以来，该教材又陆续走进美国、马来西亚、西班牙等多国课堂，深得各国读者青睐。2019 年，《历史》教材热度不减，版权又成功输出到孟加拉国和哈萨克斯坦。中南传媒出版的《美术》和《书法练习指导》教材也分别于 2015 年和 2018 年走出国门，输往美国。教育是国家发展的基础，教材版权的成功输出是国际市场对中南传媒出版实力的认可，是对中国教育的认可，也是对中国发展水平的肯定。

重启古典名著，发展经典图书。古典名著是我国的瑰宝，承载着我国深厚的历史与文明。古典名著的输出，是对中华文化的普及与宣扬，是中华文化魅力的展现。岳麓书社隶属于中南传媒，是一家古籍出版社，致力于开发典籍产品，传播传统文化。在国内，中南传媒的古典名著类图书稳居全国细分市场第一。在典籍输出方面，中南传媒发挥自身优势，将《荀子》《诗经》《周易》等三十余种古典名著的版权输至海外，将中华传统文化的声音传播到世界各地。

---

① 中南出版传媒集团股份有限公司 2019 年年度报告［R］. 长沙：中南出版传媒集团，2020：10－11.

（三）输出形式因地制宜

随着互联网技术的发展，版权输出的形式有了更多可能。除却传统的纸质图书的版权输出，还有音像电子产品等形式的输出。中南传媒适应输入地的需求，灵活选择输出形式。2016 年，湖南少年儿童出版社审时度势，精心策划作品《笨狼和他的小伙伴》，以童书著名形象“笨狼”为主角，通过动画片的形式，译为多种语言，在非洲播出，受到了众多当地儿童的喜爱。[①] 中南传媒旗下湖南美术出版社以美国为输出地，根据考察情况，制作数字纪录片《中国风物》，记录湖湘风采，传播湖湘文化。目前《中国风物》不仅成功向美国当地学校输出电子版权，同时在线上发行，在美国 YouTube 上线。[②] 中南传媒利用新媒体，采用新技术将版权输出海外，以读者喜闻乐见的方式传播，提升了海外受众的接受度，该种做法也加大了版权输出的成功概率。

三、出版资本“走出去”

出版资本“走出去”在此主要指中国出版机构通过商业运作，运用商业模式对其海外出版业务进行投资[③]。随着我国出版“走出去”的发展，中外版权贸易逆差逐渐缩小，部分出版单位早已不满足于版权输出和实物出口这两种基础的输出方式，追求全新的输出方式，即资本“走出去”。近些年发展情况显示，我国出版公司利用资本“走出去”的方式有三种：一是直接兼并、

---

① 董丹丹，冯立．少儿出版社版权输出路径刍议——以湖南少年儿童出版社为例［J］．出版广角，2020（08）：29－31．

② 张秋瑰．中国出版“走出去”进入品牌建设阶段［C］．天津：天津出版传媒集团，2019：227－233．

③ 徐湞琪．我国学术出版资本“走出去”研究［J］．出版参考，2020（10）：28－30＋8．

收购海外出版机构，机构所有者发生转变，但出版机构原有运作方式基本不变。例如广西师范大学出版社对澳大利亚视觉集团的并购。二是与国外出版商通过合作的形式，共同创办编辑部。合作双方目标一致，通过资源共享，实现共赢。三是直接独资在海外设立分支部门，享有全部收益。例如北京语言大学出版社，以北美地区为目标，独资在此建立分社。这些海外分支机构，采取本土化经营策略，其实质是拓展海外平台，将策划、生产、营销、管理、人力资源等全方位融入当地经济的过程①。中南传媒在“走出去”的过程中紧跟行业发展的步伐，也在不断尝试资本“走出去”。截至目前，涉及资本“走出去”的部分项目如表8.1所示，通过入股法兰克福书展IPR公司、与培生集团组建合资公司等方式，探索其独有的资本输出之路。

表8.1　中南传媒涉及资本“走出去”的部分项目

序号	海外布局与运营的项目名称	实施时间
1	中南传媒所属天闻动漫公司与日本角川集团合资成立广州天闻角川动漫公司	2010年
2	参股韩国的阿里泉出版社株式会社	2012年
3	湖南少儿出版社搭建海上丝路童书平台	2015年
4	与法兰克福书展IPR在线版权交易公司达成合作，引进IPR在线版权交易平台	
5	与德国最大图书零售渠道商塔利亚集团签订战略合作协议	2018年
6	与培生集团组建合资公司	2018年

① 戚德祥．我国出版企业海外分支机构本土化经营之道［J］．出版发行研究，2019（11）：76－80.

（一）入股法兰克福书展IPR公司

谈到中国出版国际化，李朋义[①]曾提及：出版走向国际，重要标志包括，要在国际图书市场上拥有丰富数量的出版企业、广泛流通的出版产品以及畅通的销售渠道。[②] 销售渠道、销售平台的搭建可以确保图书对外流通的顺畅，是出版企业实现“走出去”的重要保障。中南传媒一向重视对外输出的平台搭建情况，在2012年时，中南传媒和长沙海关签订了一份战略合作协议，为中南传媒“走出去”创造了有利的条件。

在此之后，中南传媒始终注重疏通交流渠道，搭建中外出版交流平台。法兰克福书展旗下拥有的IPR在线版权交易平台（以下简称IPR平台），是全球性的版权数据资源库，同时也是版权交易服务网，拥有1000余个正式会员，4000余个准会员，其数据库可供版权书目近50万种。2017年，中南传媒历经多番沟通，终于正式入股，与其签约，将IPR平台引进中国。在此之前，国内在线版权交易这一模块始终处于空白状态，引入IPR平台，为我国出版界抢占资源高地、对外推广版权、参与国际博弈搭建了新的平台。[③] 通过此次入股IPR平台，中南传媒成功实现跨国经营，丰富国际合作项目，便于拓展海外业务，更能推动我国出版业的发展，提高我国出版业在国际上的地位，提升中国文化在世界上的影响力。

（二）与培生集团组建合资公司

近些年来，组建合资公司也是许多出版社青睐的资本输出方式。组建合资公司，意味着双方合作的进一步加深，有利于双方

---

① 李朋义，中国出版集团公司党组书记、副总裁。

② 张静．我国图书出版“走出去”模式研究［D］．苏州：苏州大学，2013.

③ 路小静．中国出版业“走出去”战略研究［D］．武汉：武汉大学，2010.

资源共享。对于国内企业来说，加强合作的意义不仅在于赢利，更重要的是通过接触，有机会学习对方企业先进管理经验，为己所用。中国青年出版总社、安徽少年儿童出版社、外语教研社等多家出版社，都根据社内发展需求，与海外出版机构建有合资公司。

中南传媒经过多方考量，结合自身业务性质以及过往合作情况，最终选择英国培生集团作为合作伙伴，以香港为目标地，组建由中南传媒控股的合资公司。培生集团作为知名教育集团，已有近两百年的历史，在“全球出版 50 强”中，培生集团凭借雄厚实力，持续霸占榜首，保持断层第一的优势。培生集团的服务对象包括教育工作者和不同年龄段的学生，服务内容主要是提供教育知识与相关服务。中南传媒同样多次登上“全球出版 50 强”排行榜，与培生集团的合作，可谓强强联合。双方在教育领域都拥有深厚基础，2015 年曾成为战略合作伙伴，展开教育领域的合作，为此次组建合资公司打下了良好基础。此次合作，采取有偿方式，获取开发对方相关产品的相应权利，策划、开发教材教辅方面的数字化产品。① 此番合作无疑有助于加强两者之间的教育合作事业，能够充分发挥中南传媒与培生集团双方在内容策划、产品研发、市场营销等多方面的优势，将培生集团的优质资源引进中国，同时将中南传媒的顶尖产品输向海外，促进教育资源在两国之间的流通，实现中南传媒与培生集团的强强联合，推动双方的共同发展。

---

① 郭璐，张欣宇，周荣庭．我国出版上市公司数字化教育业务的发展现状透视［J］．出版广角，2021（08）：10－14.

四、技术服务“走出去”

出版产业向来以软文化输出为主，时常令人忽略其背后的技术服务。中南传媒作为我国出版行业的龙头企业之一，子公司业务范围广泛，涵盖出版、印刷、发行、展会诸多方面。就出版“走出去”而言，中南传媒除了推动实物、版权、资本实现“走出去”，技术服务同样也是中南传媒发展出版“走出去”的重要板块。一方面，中南传媒的印刷业务不断尝试踏入国际市场，积极竞标国际印刷项目。另一方面，凭借自身产业特色，中南传媒数次承接湖南省的海外文化活动，对外输出湖南文化，更是输出中国文化。除此之外，中南传媒的数字教育同样是其发展出版“走出去”的另一特色产业。

（一）积极拓展印刷业务

根据《新闻出版业“十二五”时期走出去发展规划》中所提及，印刷服务出口主要是指我国承接境外印刷加工服务。中南传媒旗下子公司“天闻印务”，主营印刷业务，已经成功拿下多个境外印刷订单，仅2016 -2020年，中南传媒的海外印刷销售合同金额达1.5亿人民币（约2140万美元）。在众多国际印刷订单之中，以孟加拉国教材印刷业务与阿富汗教材印刷业务最为典型。

天闻印务自2010年随同中南传媒整体上市后，推动产业升级，积极参与出版“走出去”。仅仅是在2010—2011年这两年间，天闻印务相继在澳大利亚和法国巴黎分别成立了驻大洋洲办事处与驻欧洲办事处，选择与专业成熟的出版机构达成合作，在短时间内有效打通了海外业务通道，甚至还控制住了印刷业务的成本投入，在国际印刷方面占据更多优势。[①] 印刷“走出去”期间不断有国际业务找上门来，海外订单来自英国、法国、美国、加拿大等地，产品类型涉及台历、YO 圈挂历、笔记本、书籍（精装书、胶装书）、画册、宣传册等。[②] 尽管业务早已遍布海外，但天闻印务真正意义上实现“驾船出海”要数 2016 年拿下孟加拉国教材印制订单。

2016 年，为拿下孟加拉国教材印制订单，天闻印务派遣员工深入驻扎孟加拉国几个月，了解项目情况，董事长徐向荣更是亲自挂帅出征，为了争取优质业务，克服了对于战争、动乱与疾病的恐惧，通过团队共同努力，终于获得孟加拉国教材印制订单。[③] 此次成功竞标印制订单，是天闻印务首次参与国际竞标，展示了中南传媒的实力，也体现了中南传媒拓展海外市场的决心。承接孟加拉国教材印刷业务，为中南传媒拓展海外印刷业务留下了浓墨重彩的一笔。中南传媒不仅从中获得经济效益，更是打通了连接中南传媒与孟加拉国之间的壁垒，成功构建起中南传媒与孟加拉国之间沟通、贸易的桥梁。另外，也有利于加强中孟两国之间的交往，为此后向孟加拉国输出中华文化搭建了平台。

孟加拉国教材印刷业务的成功竞标对天闻印务而言是一次巨大的突破，自此天闻印务真正踏入国际印刷市场，海外业务订单纷至沓来，这也为天闻印务开拓大宗教材印刷市场、拿下阿富汗国家教材印刷业务打下坚实基础。

孟加拉国教材印刷业务使天闻印务首次实现真正意义上的

---

① 潘惠同．天闻印务“扬帆出海”［J］．出版人，2014（02）：54－55.

② 张福海，郝振省．新闻出版业走出去工作指南（下册）［M］．北京：高等教育出版社．2014：26

③ 李坤平．徐向荣：边界之内，取舍之间［J］．印刷经理人，2019（01）：6－11.

“驾船出海”，同时也为天闻印务提供了发展思路，引导天闻印务沿着国家“一带一路”布局的方向开拓国际业务，打通“一带一路”周边国家印刷市场。此次阿富汗国家教材印刷业务订单就是延续“一带一路”印刷业务的重要一步。阿富汗坐落于亚洲版图的心脏位置，连接亚欧大陆各主要国家，是“一带一路”通往中亚、西亚和南亚重要节点国家，如今也是湖南出版印刷“走出去”战略的重点板块。此次订单来之不易，耗时颇久，是天闻印务海外业务团队历经三年的紧密跟进，重点关注，时时观察，终于在激烈的国际竞标市场中拿下共计560万册、约360万美元销售额的阿富汗教科书业务。① 阿富汗国家教材印刷业务是中南传媒第二次获得国际印刷招标项目，是海外印刷业务深耕“一带一路”地区的重大成果，是推动中南传媒走向国际市场的重要一步，正如天闻印务董事长徐向荣所说：“制造业是没有国界的，全球化是不可回避的事实，也是不可逆转的大势，如天闻印务这样大规模的企业若只想守着眼前那点地盘，不主动在更广阔的市场立足，终将连眼前的湖南市场也守不住。优秀的企业必然站在与世界平行的角度，根据国际的格局去制订自己的发展战略，而不是固守在有限区域内。”② 公司上下秉持着这般开拓市场、走向全球的信心，在时代浪潮中前行，经历了企业的分散与聚合，市场的考验与挑选，最终以中南为基点，视湖南为起点，立足湖南，拓展全国，走出国门，奔向世界，实现了全面跨越式发展，在国际印刷市场上越走越稳。

---

① 红网时刻．天闻印务“走出去”又添新成绩 阿富汗教育部教材投产开机［EB/OL］．http：//moment. rednet. cn/pc/content/2021/01/29/8962073. html. 2021 - 01 - 28/2022 - 03 - 21.

② 谢明．印刷人的书海日常：守住初心看清世界［J］．出版人，2021（09）：70 - 72.

（二）承办海外文化活动

相较于其他出版集团而言，中南传媒在发展“走出去”的过程中，根据自身旗下产业特色，还存在另一种独特的文化输出方式，即通过在海外布展输出湖南文化。

中南国际会展公司，隶属中南传媒，专门负责展览、活动的策划与组织，在国际上小有声誉，是湖南唯一一家经过 UFI（全球展览业协会）认证的单位。近些年，中南国际会展中心始终承接负责设计陈列服务的“湖南文化走出去”项目，该项目由湖南省委组织，在国外举行大型展览活动。通过精心布展湖南特色产品，展现湖南风采。中南国际会展公司的布展，带领世界认识湖南，湖南文化借此受到国外受众的广泛认可。截至目前，中南国际会展公司已成功举办多场活动（如表 8.2）。

表 8.2　“湖南文化走向世界”组织活动

时间	活动名称
2014 年	湖南文化走进泰国
2016 年	湖南文化走进联合国
2016 年	湖南文化走进法国
2017 年	湖南文化走进芬兰
2018 年	湖南文化走进德国

“湖南文化走向世界”活动的成功开展，为外国友人提供了一个认识湖南、了解湖南的机会，也使世界认识到中华文化的多元化。以“湖南文化走进法国”为例，在展会上，不仅湘菜收获了法国餐饮界的一致好评，湘书、湘绣、湘瓷、湘茶等独具特色的湘味展览，也吸引了成千上万的法国民众。另外，此次活动也运用了 VR、3D 技术，将传统文化与现代科技巧妙结合，正如

张晓贝[①]所言：“‘走出去’除了对传统文化的展示外，还应体现更多的现代元素，吸引更多年轻人关注。”通过此次展会，湖湘文化在法国大放异彩，不仅是海外侨胞借此感受家乡的温暖，还有不少法国友人初次近距离体验湖湘文化，领略“文化湘军”的实力[②]。“湖南文化走出去”这一系列展会活动的开展，不仅体现了中南传媒在文化布展方面的实力，例如在传统文化与现代科技融合方面的精妙之道，还以展会为媒介，成功推动湖南文化走向国际，拉近湖南与国外观众的距离，让世界观众感受到湖南文化，领略到中华文化的风采。

（三）对外输出数字教育

数字教育诞生于互联网时代，是一种新兴的教育模式，能够打破教育资源的不平衡，增强学生学习的积极性，提高教学质量。中南传媒及时认识到数字教育板块的潜力，基于在教育出版深耕多年的优质资源积累和丰富的海外运作经验，选择与全球领先的信息与通信技术解决方案供应商华为强强联手，借助其科技信息力量，重磅推出 AiClass 教育课堂，使中国先进的数字教学产品成功落地海外，为当地老师、学生提供优质教育出版、在线学习配套服务，打造资源共享、便捷学习、互联互通的国际化教育生态圈，同时能够提高学生的学习兴趣，激发学生的积极性，培养学生的创造力，提升学习效率，助力个性化教学、精准教学。[③] 当前 AiClass 互动课堂已在马其顿二十余所学校成功落地，在保加利亚的开拓也已取得实效。

---

① 张晓贝，欧洲时报社社长。

② 黄晓辉．“湘”飘法兰西［N］．湖南日报，2016 - 09 - 10（04）．

③ 天闻数媒．欧洲·保加利亚数字教育项目［EB/OL］．http：//www. twsm. com. cn/case_ show. aspx？ id = 20.

利用华为公司的技术优势，搭配中南传媒的教育资源，可以进一步推动中南传媒在数字教育领域的深挖细掘。

五、对外文化援助项目

龚曙光曾说，中华文化“走出去”一直处于比较边缘的状态，通过文化援外的方式，能够促进中华文化输出，推动中国的文化产品出口。中南传媒本着这样的理念，积极争取到了国内首个教育援外项目——援南苏丹教育项目，中南传媒也借此成为国内首家在国外建立起教育体系的集团。在项目具体实施过程中，中南传媒选择从五大板块着手，一是制定教育规划，二是开发适用教材，三是进行教师培训，四是建设 ICT 教室培训中心，五是教材投入印刷。整体目标是从内容到形式，从书本到课堂，在南苏丹建立一个完整的现代教育体系。[①] 教育体系的搭建，意味着中国的“援外”已不再停留在“授人以鱼”的层面上，而是踏上了“授人以渔”的新阶段。

（一）文化传播效力增强

“出版的国际传播是通过出版经营的经济行为对一国的政治经济文化等方面内容信息的传播，它存在一个传播效力的问题，即是否真正实现了传播效果的问题。”[②] 以往提供资金、物质的做法固然能够帮助他国解决当下问题，但在这种方式下，出版的国际传播效力不强，随着时间推移，援外所产生的传播效果也会逐渐削弱。“援南苏丹教育技术合作项目”则不然，教育理念、

---

① 张新．我国首个教育援外项目——援南苏丹教育技术援助项目案例［J］．出版参考，2019（12）：102－103.

② 张宏．中国出版走出去的话语权和传播力构建［M］．苏州：苏州大学出版社，2015.

方法、素养是扎根心底的，时效长，影响大，从长远来看，更能促进中国与南苏丹两国之间的感情。① 此次合作愉快收尾，一期项目顺利完结，基于中南传媒的优异表现，南苏丹方甚至表现出极强的继续合作意愿。该项目的顺利实施加强了中国与南苏丹之间的交流合作，向国外展现了“出版湘军”的责任担当。同时，该项目将“一带一路”倡议与出版“走出去”紧密结合，创新了我国文化“走出去”的合作方式，为中华文化向其他国家的“走出去”提供蓝本，推动中华文化以多种方式走向世界。

（二）具有广泛可复制性

此次援助项目让人意想不到的收获是，此类援助方式具有广泛的可复制性，中南传媒在此次援外活动中积攒的宝贵实践经验，能够应用于对南非其他国家的援助活动中。正是基于南苏丹项目的成功实现，2021 年，中南传媒再次受商务部委托，承接“柬埔寨教育技术援助项目”，为柬埔寨高中一年级师生编写《信息技术》教材。目前，该项目正在合理有序推进。在援外项日的契机下，中南传媒抓住机遇展现自身实力，为中华文化在丝路沿线的深入传播搭建长效平台。

总结来看，中南传媒的出版“走出去”主要有实物出口、版权贸易、资本输出、技术服务输出和教育援外这五种途径，部分图书的输出甚至不局限于某一种方式，如中南传媒所出教材，输出方式灵活，借助版权贸易、合作出版、实物出口的方式，当前的湘版数学、历史、书法、汉语教材已经进入多个国家和地区，例如南亚的印度、哈萨克斯坦、孟加拉国，东南亚地区的新加坡、马来西亚，欧洲的西班牙等多地，呈现优势显著的“走

① 袁军．中国对外教育援助模式探究——以中南出版传媒集团“援南苏丹教育技术合作项目”为例［J］．湖南教育（A 版），2019（08）：55－57.

出去”鲜明特色。多种方式的“走出去”促进了中南传媒的国际化，也为国内其他出版集团发展国际贸易提供参考。

第二节　成功经验

中国出版业在国家政策的引导下踏上“走出去”的道路，多年来，中国在世界上的话语权增强，图书贸易逆差逐渐缩小，国内发展出版“走出去”的出版机构日益增多，出版企业之间的竞争日渐激烈。中南传媒能够在国内发展出版“走出去”的行列之中名列前茅，并且在“走出去”领域屡创佳绩，成为国内出版机构佼佼者，探究其成功原因，主要有：借力国家政策，保障输出效益；依托产业优势，开拓国际市场；寻求高端合作，树立国际形象；制定激励机制，提升员工动力。

一、借力国家政策，拓宽合作通道

“在国家层面上，软实力主要寓于政治价值观、制度、文化、外交和国民素质之中。”① 在全球信息化的时代，“软力量会变得日益重要”②。文化是软实力的重要体现，对外传播文化是展现国家软实力的方式之一，出版“走出去”是对外传播文化的关键途径。出版发达国家相继推出多项政策支持文化输出，中国自提出“走出去”战略后，出台多方面政策，中南传媒始终积极贯彻落实国家政策，充分发挥自身力量，践行出版“走出去”，推动出版国际化，表现出出版湘军“敢为人先”的优秀

---

① 韩勃，江庆勇．软实力：中国视角［M］．北京：人民出版社，2009.

② ［美］约瑟夫·奈：软力量——世界政坛成功之道［M］．吴晓辉，钱程，译．北京：东方出版社，2005.

品质。

（一）国家的扶持政策

“政府推动，企业主体，市场运作，社会参与”是新闻出版业“走出去”战略的重要原则。在这个过程中，政府推动往往起着引领与指导的作用。国家政策的出台，是重视出版“走出去”发展的体现，不仅能够为出版事业的发展提供方向，同时政策给予的各项补贴也能为出版公司发展出版“走出去”提供信心和勇气。全球出版业发达的国家，如英国、美国、日本、法国、德国等，其出版业的发展，离不开政府政策的支持和国家财政的补贴。例如法国政府，成立了一家图书基金会，专门支持出版“走出去”。基金会的收入主要来源于政府补贴，数额约为每年1亿法郎。政府将这笔资金用于补贴图书出口，包括出口过程中的运输费用、版权输出过程中的翻译费用、在出口过程中造成的损耗费用等。①

自我国开始正式实施出版“走出去”之后，政府便不断推出相关政策，政策以文件的形式下发，内容多是强调对外文化发展的重要性，督促相关政府、企业发展对外贸易，指导各地政府加强对企业出口业务的扶持，对重点出口企业提供资金支持，鼓励各出版社再接再厉。除此之外，更是专门设立一系列相关项目以支持出版“走出去”，国家政策的扶持，能够有效激励出版集团发展出版“走出去”，为出版“走出去”提供帮助与动力。

---

① 陈丽，潘文年．发达国家出版业“走出去”政策分析及启示［J］．出版广角，2021（21）：52－55.

表 8.3　出版“走出去”相关项目

项目类别	项目名称
翻译资助类项目	国家版权输出奖励计划
	外国人写作中国计划
	中外思想交流与传播能力建设工程
	中国图书对外推广计划
	经典中国国际出版工程
	图书“走出去”基础书目库
渠道拓展类项目	“一带一路”文化交流与合作工程
	海外中国文化中心建设与发展工程
	全国版权贸易体系建设推荐工程
	中国出版物国际传播渠道拓展工程
综合类项目	丝路书香工程
	新闻出版海外发展扶持工程
	对外文化贸易促进工程
	丝绸之路影视桥工程
	港澳台中华文化弘扬工程

（二）中南传媒的参与情况

对于国家的各项政策规划，中南传媒始终认真贯彻落实，积极申报“丝路书香工程”“经典中国国际出版工程”等“走出去”项目，借助国家资金，推动版权输出（如表 8.4）。

表 8.4　2019—2021 年中南传媒入选出版“走出去”项目情况

项目名称	图书名称	输出文种
中国图书对外推广计划	山河袈裟	西班牙文
	今日中国（6 册）	泰文
	中国故事绘（5 册）	越南文
	中国民族节日风俗故事画库（10 册）	越文
丝路书香工程	社会保障与减贫发展	阿拉伯文
	今日中国·经济奇迹	阿尔巴尼亚文
	中国共产党群众路线思想发展是	英文
	20 世纪中国科学口述史·袁隆平口述自传	印地文
	海上丝绸之路风情艺术绘本	僧伽罗文
	十村记· 准扶贫路·十八洞起航	葡萄牙文
	马克思主义中国化与当代中国丛书·中国经济发展模式的创新与发展	俄文
	中国民族节日风俗故事画库	僧伽罗文
	程开甲口述自传	塞尔维亚文
	吴文俊口述自传	印地文
	吴文俊口述自传	英文
经典中国国际出版工程	艾约堡秘史	俄文
	人类命运共同体：全球治理的中国方案	英文
	孙子兵法·孙膑兵法	哈萨克斯坦文
	艾约堡秘史	西班牙文
	中国当代儿童小说大系·山岗上的索玛花	越南文
	中国针灸大成·综合卷（针灸大成）	俄文

2018 年，中南传媒有 20 余种中国主题优秀图书入选国家各

类“走出去”扶持项目，获得上级肯定；2019 年获得中宣部“70 周年主题图书对外翻译出版”指标，图书《从饥寒交迫走向美好生活——中国民生 70 年（1949—2019）》（英文版）成为全国 11 种立项图书之一，获得资金 55 万元，《中国民营经济四十年》一书也在资金扶持下向国外输出了七个语种①。除此之外，中南传媒紧跟国家“一带一路”倡议，“一带一路”沿线国家逐渐成为中南传媒“走出去”的重要目标，目前，中南传媒的版权输出已经覆盖 30 多个“一带一路”沿线国家。随着“一带一路”倡议在我国文化领域的展开，中南传媒对外输出的版图逐渐扩大，东亚、东南亚以及欧美地区都已成为中南传媒的输出市场，一方面，输出数量不断上升，另一方面，输出种类逐渐增多，从传统文化书籍到主题图书应有尽有。②

一路走来，在政策支持下，中南传媒坚持不懈，砥砺前行，攻坚克难，实现自我提升。通过出版多语种图书，通过实现多方位合作，通过拿下商务部主导立项的“援南苏丹教育项目”，借助国家有关政策，中南传媒不但实现了对“走出去”方式的创新，完成了对“走出去”渠道的拓宽，更是将中南出版推向国际市场，在全世界与国外多家大型出版传媒企业结下战略合作伙伴的关系，不断积攒丰富的版权贸易经验，提升国际合作的水准，致力于打造国际交流合作的优势，成功在全国发展出版“走出去”的行列中名列前茅，实现中华文化的国际化传播。

---

① 中南出版传媒集团股份有限公司 2019 年年度报告［R］．长沙：中南出版传媒集团，2020：10－11.

② 郑良．“一带一路”战略在版权贸易领域的实践和思考——以中南传媒为例［J］．出版发行研究，2015（06）：74－77.

二、依托产业优势，开拓国际市场

中南传媒多年深耕原创领域，业务开展广泛，涉及出版业务、发行业务、印刷与印刷物资供应业务、媒体业务、数字教育业务等，拥有编辑、印制、发行、物资供应、物流完整产业链。在“走出去”的过程中，中南传媒依托企业所具有的独特产业优势，使其五种“走出去”的方式都独具亮点。

（一）原创内容优质

出版质量是出版的生命线，优异的出版质量有益于企业形象在国际上的树立。在出版过程中，图书质量包括内容、编校、设计和印制四个方面，对于对外输出图书而言，优质的原创内容质量是出版“走出去”的重要基石。内容为王，是出版发展的首要定律，出口图书同样适用。按照版权贸易经验，图书输出地受众青睐的作品主要包括两种类型：一是思想深刻、能够满足读者一定程度的阅读期待的作品；二是具有丰富的文化知识背景、符合输出地读者的阅读习惯的图书。例如莫言的作品《红高粱》、刘慈欣的作品《三体》，能够在国际图书市场受到欢迎，正是因为满足了其中的某条规律。[①] 优质的原创图书内容，是出版物的灵魂，对外输出的图书内容，能够展现中华文化的博大精深。中国拥有上下五千年的悠久历史、新中国建设过程中的宝贵经验、改革开放后的科技进步、二十一世纪以来的快速变迁，都是独属于中国的珍贵记忆，有助于世界他国读者深入了解中国。除此之外，近些年来中国在脱贫攻坚方面取得的成就，为维护世界和平与发展做出的贡献，都是值得宣传的傲人事迹，更能让世界认识

① 张硕洋，洪九来．中国图书版权贸易“走出去”的成绩、困境及对策——基于对行业人士实证调查的分析［J］．中国版权，2016（03）：39－42.

到中国正在飞速发展，正在为全人类的幸福明天做出贡献。

“有竞争力的出版社背后都有优质的内容。”中南传媒储备的原创内容优质丰富，得益于中南传媒一直以来深耕原创，不忘初心。中南传媒在出版传媒领域已有几十年发展历史，见证了行业兴起的蓬勃，也经历了行业遇冷的困境，但始终坚守出版主业，坚持以编辑好书为目标，以社会效益为导向，培养原创作者，出版原创书籍，将社会责任承担到底。正如其公司标语所言：催生创造，致力分享。中南传媒始终将创新放在首位，将好书分享给世界。例如当前已成功输向海外的《艾约堡秘史》一书，由湖南文艺出版社出版，该书早于十年前就开始组稿，直至2018年，作品才完成出版，实现了作者与出版社之间的“十年之约”。这十年间的风险无法预知，图书出版能带来的效益更是难以估量，但秉持着坚持原创的初心，致力于将好书带给读者，中南传媒坚持实现了该书的出版。原创是中南传媒始终不变的坚守。

中南传媒所出图书种类繁多，覆盖面广，差错率低，积极性强。龚曙光曾说，身为出版人，最重要的使命是发现、服务、成就那些能够代表自己时代的作家和作品。而作为出版机构，最主流的追求则是精品。精品是指此前没有，此后也未必有的东西，代表了一个时代的文化标高。[①] 怀揣着打造精品的初心，中南传媒所出图书物美质优，曾多次荣获表彰，如在第39次全国人教版的中小学教材印装质量检测中，中南传媒就荣获第一名。[②]

---

① 杨帆．龚曙光：一个文化实践者的战略观察［J］．出版人，2019（04）：20－23.

② 红网．人教版教材质检中南传媒获第一［EB/OL］．https：//baijiahao. baidu. com/s? id = 1633703338671276297&wfr = spider&for = pc. 2019－05－16/2022－03－21.

（二）版权资源丰富

中南传媒旗下拥有9家出版社，综合各家出版社的出版情况，从图书内容的角度分类，中南传媒所出图书几乎涵盖所有主要类型。2019年以前，中南传媒的年度版权输出数量已突破300种。能够实现大量的图书版权输出，倚仗的正是自身拥有的丰富版权资源。从2018年的统计数据来看，当年中南传媒零售市场码洋占有率为3.10%，全国排名第二。

中南传媒在进行版权输出的过程中，重视单品种图书的多语种、多国家传播，实现对每一种图书版权的充分利用。例如湖南人民出版社所出版的《乡村国是》一书，记录了中国脱贫攻坚的进程和成效，目前已对外输出6个语种，包括俄语、阿拉伯语等。再如民主与建设出版社所出图书《中国民营经济四十年》，也已经对外输出七个语种。单品种图书实现多语种、多国家传播，在一定程度上是对图书内容的肯定，表明该本图书深受世界读者的喜爱。不仅有利于图书内容在国际上的广泛宣传，也有利于出版集团提升国际知名度，提高影响力。

（三）资本实力雄厚

中南传媒属于新闻和出版业，总体发展稳定，根据近几年发展情况，如表8.5所示，中南传媒营业收入与利润总额总体呈上升趋势，总资产升幅较大，经营发展势头良好。

表8.5 中南传媒2012—2020年营业收入与利润情况

年份	营业收入（万元）	营业收入变动比例（%）	利润总额（万元）	利润总额变动比例（%）	总资产（万元）
2020	1047300.88	2.07	157132.34	9.26	2314191.56
2019	1026085.89	7.16	143811.53	2.30	2180585.86
2018	957557.62	-7.57	140582.21	-14.76	2026005.43
2017	1036009.93	-6.70	164930.76	-14.68	1967379.50

续表

年份	营业收入（万元）	营业收入变动比例（%）	利润总额（万元）	利润总额变动比例（%）	总资产（万元）
2016	1110452.00	10.10	193309.68	7.05	1861874.81
2015	1008543.24	11.58	180580.07	16.55	1672289.44
2014	903876.11	12.52	154944.10	35.69	1514024.94
2013	803304.93	15.91	114186.89	23.98	1301260.80
2012	693036.32	18.33	92096.24	14.24	1184916.47

（数据来源：根据中南传媒2012—2020年年报整理编制）

中南传媒2010年上市，首次募集资金高达42.43亿元，一举成为中国出版媒体行业的领头羊，为公司迅速发展提供了一个强有力的资金运作平台。① 自上市以来，中南传媒坚持多元化发展、全方面运营，积极转型数字化、实现产融结合等方式都为其提供发展机遇，逐步积攒雄厚资本，稳固出版龙头企业的地位。根据桑广成和焦建玲对我国2019年在A股上市的14家出版企业进行的分析，中南传媒在国内出版企业中总资产位列第三，超200亿元，净利润位列第五，超10亿元。②

自转企改制以来，出版市场竞争愈加激烈，出版企业不得不进行多元化投资和资本化运作来维持公司运转。中南传媒始终走在行业发展前列，作为传统出版集团，报业曾是公司发展的重要板块，但随着新媒体技术的发展，报业发展前景不容乐观，中南传媒为缓解压力，及时拓展网络媒体板块，开拓新的广告业务范围，成功进入城轨、磁浮、地铁、高速公路等领域，努力实现传

① 陈又麟．我国出版传媒上市集团竞争战略研究［D］．湘潭：湘潭大学，2012.

② 桑广成，焦建玲．2019年出版上市企业发展质量研究［J］．出版与印刷，2021（01）：34－44.

统报业的转型升级，稳固自身经营发展。[①] 另外，中南传媒进行的投资也颇具成效。如 2010 年初成立的天闻角川动漫公司，与日本角川合资，由中南传媒控股，这家公司不断做大做强，目前已经在中国青少年动漫出版市场占有重要地位。

（四）技术领先

中南传媒是我国最典型的多元化经营的出版集团，除主营业务风生水起之外，中南传媒的印刷产业同样呈现欣欣向荣之态。天闻印务是中南传媒旗下专职印刷业务的子公司，印刷制作工艺精湛，多次得奖，获得国内外印刷界的认可。例如天闻印务负责印制的《中国国家地理》，曾两获“中华印刷大奖”的金奖，《中医名言通解》获得“第五届出版政府奖”的印刷复制奖。

天闻印务的印制效率更是惊人，甚至在疫情防控期间为防疫事业做出了独特的贡献。2020 年初疫情暴发，武汉告急，在几乎所有印刷企业都来不及做好疫情防控准备时，天闻印务临危受命，接下《求是》杂志的印刷业务，杂志上刊登了习近平总书记关于应对疫情的重要讲话，对于疫情防控具有高度指导作用，意义重大。天闻印务迅速从春节休假状态转换到生产、防疫两手抓的状态，在完成自身原有印量的同时，还主动承接了大量其他省份无法交付的《求是》印制任务。基于此优异表现，《求是》杂志在 2020 年底为天闻印务颁发了特别贡献奖。[②]

天闻印务主张“先一步迈向市场”，早于 2006 年就将“开拓海外市场”列入公司发展战略，2009 年设立海外科，对接全

---

① 梁针．中南传媒集团多元化经营对企业绩效影响研究［D］．南昌：华东交通大学，2020.

② 谢明．印刷人的书海日常：守住初心看清世界［J］．出版人，2021（09）：70－72.

球业务。在接下来的十几年里，天闻印务根据海外不同市场所在地的图书印制特点，不断调整改进自身印制技术，凭借其始终保持的技术领先优势以及绿色印刷意识，在国际市场上稳步前进。

（五）援外项目运作成功

援南苏丹教育项目是中宣部主导的中国第一个教育援外项目。此次项目一改往日提供金钱、物资的援外方式，针对南苏丹的特殊背景，转变为搭建教育体系，以此达到对南苏丹教育的援助目的。教育体系的搭建，不但费时费力，还要讲求方式方法，既要构建完整的知识框架，又要具有针对性。中南传媒在援外过程中，克服了语言障碍、距离不便、想法偏差等种种困难，最终提交了完美答卷，获评“国家文化出口重点项目”。此次项目实现圆满成功，中南传媒获得南苏丹驻华使馆正式授予的“中国-南苏丹文化交流使者”称号，南苏丹大学一名教授更是感慨：“以前，我们一只眼睛看西方，一只眼睛看东方。今后，我们不看西方，只看东方！因为东方是太阳升起的地方！”①

援南苏丹教育项目是中南传媒教育援外的起点，紧接着中南传媒再次承接柬埔寨教育技术援助项目。该项目小组于 2020 年 3 月获集团突出贡献奖，奖牌上书：“为启智铸魂输送文化养料；为时代课题贡献中国方案。背水一战、负重前行，突破重围，强势夺标。在‘一带一路’上构筑跨越山河的友谊之路，将人类命运共同体的核心理念向全世界昭示。”援外的意义正在于此，跨越版图，共建人类命运共同体！

① 张新．我国首个教育援外项目——援南苏丹教育技术援助项目案例［J］．出版参考，2019（12）：102－103.

三、寻求高端合作，树立国际形象

受限于时空距离，跨国合作的难度远超想象，具体体现在以下几个方面：一是对对方公司的考察难度。许多公司发展过程漫长，涉及业务繁复，考察公司资质的过程中稍有疏漏都有可能造成判断偏差，对公司之间的合作造成不利影响。二是双方磨合难度大。在合作过程中双方需要持续沟通，信息的互通、意见的碰撞都是磨合的过程，双方的文化背景、市场环境本已存在差距，时间与空间上的距离又难免对双方沟通产生障碍，加大磨合难度。

中南传媒是国内较早与国外出版公司实现资本合作的集团，且能够与大型知名企业实现高端合作，如 2010 年与日本著名传媒企业角川集团联合创建广州天闻角川子公司，涉足动漫领域，创新营利模式。2012 年参股韩国的阿里泉出版社，2017 年引进法兰克福书展 IPR 在线版权交易平台，2018 年与培生集团组建合资公司。法兰克福书展 IPR 在线版权交易中心、培生集团都属于国际知名企业，此类合作项目的达成，不仅能够为双方带来经济利益，对于中南传媒而言，更是提升国际知名度、树立国际形象的重要机会。

（一）借国际书展助力版权输出

国际书展历来是国际图书文化交流的盛宴，各国知名出版商齐聚一堂。随着中国出版“走出去”步伐不断加快，对于国际书展的参与度也逐渐加深，国际书展已成为我国出版企业宣传出版新书、进行版权贸易、开展资本合作的重要途径。尤其是中国作为主宾国参与的国际书展，如 2009 年法兰克福书展、2012 年伦敦书展、2015 年美国书展，中国都通过国际书展舞台展示了我国优秀图书，推出了我国知名作家，展现了我国出版的生机。

更是通过在国际书展上举办的多场饱含浓郁中国色彩的活动，向世界展现中国元素的魅力与中华文化的活力，使中国在国际上大放异彩。

中国出版业发展出版“走出去”，在国外难免遭遇市场信息滞后、渠道资源不足、海外沟通不畅等问题，国际书展显然是中国出版业与世界出版业加强沟通的良好平台。在书展上，图书企业可以直接沟通，切实感受到图书质量，真实、立体、全面地展现中华文化。同时，书展向来是版权引进与输出的重要场所，是中外合作的宝贵窗口，是文化传播的关键通道。无论是大型综合性国际书展，如伦敦书展、纽约书展、法兰克福书展，还是区域性书展，如首尔书展、贝尔格莱德书展、开罗书展，抑或是专业性书展，如博洛尼亚童书展，① 都是海内外出版企业相互交流、实现合作的重要场合，能够借此推动我国文化“走出去”。

中南传媒组织参与国际书展已有多年，每年都会组织专业团队参展。以 2016 年为例，中南传媒共组织参与七个国际书展，包括 4 月份的伦敦书展、5 月份的纽约书展、9 月份的东京书展、1 月份的新德里世界书展、8 月份的北京国际图书博览会、9 月份的莫斯科国际书展和 10 月份的法兰克福书展。在法兰克福书展上，中南传媒在国际合作方面取得重大进展：与德国最大图书公司塔利亚集团高层会谈寻求数字阅读方面的合作机遇；与法兰克福书展集团副总裁、IPR 版权贸易公司总裁托马斯会谈，就推动 IPR 项目合作进行深入探讨；与伦敦书展主席会面，就开展合作交换意见。以上都为后续的具体合作项目打下了重要基础，有力推动了中南传媒资本“走出去”的发展。

---

① 孟旭浩．利用国际书展提升中华文化国际影响力［J］．出版参考，2019(05)：62－64＋78.

中南传媒为历年书展都做好了充分准备。例如在2012年的伦敦书展上，中南传媒将“先锋中国”丛书的版权卖给英国传统政经出版社；在2013年的上海书展上，中南传媒的销售码洋轻松过百万元；在2018年北京国际图书博览会上，中南传媒输出了《这样爱你刚刚好，我的N岁孩子》的西班牙文版权。近两年疫情原因，导致书展只能采取线上的方式开展，中南传媒同样积极参与，在长沙搭建实景展馆供线下访问，积极推广湘版图书版权。中南传媒成功利用了国际书展平台，把握住各大出版商齐聚的机遇，顺利实现了多项版权合作的达成。

（二）寻找机会达成国际合作

从我国出版单位的现状来看，直接在国外建立自己的出版发行渠道，成本过高，难度较大。在此情况下，与国外的出版商共同合作，中国出版企业借船出海，将中国出版图书推向世界，国外出版商借此打入中国市场，双方取长补短，合力发展出版事业，是合理的共赢策略。① 同时，Sumiko Asai的研究显示，与海外大型出版商合作出版期刊，有助于提高期刊的国际化程度，同时能够提高期刊的引用分数②。由此可见，与海外出版商实现国际合作，也有助于提高出版物的质量，提升出版物的影响力。

在这个过程中，合作对象的选择尤为重要，需要根据自身发展需求进行合理选择。例如华中科技大学出版社，就其出版的高端学术作品，与施普林格、爱思唯尔、德古意特等国际知名的学术出版公司进行合作，不但获得了较好的传播效果，而且在出版

---

① 咎莹莹．中国图书“走出去”战略问题研究［D］．保定：河北大学，2011.

② Sumiko Asai. The effect of collaboration with large publishers on the internationality and influence of open access journals for research institutions［J］. Scientometrics，2020，124（prepublish）.

方面也形成了清晰顺畅的合作模式。① 中南传媒为发展国际业务，主动出国寻找合作伙伴，寻求具有发展潜力和国际化水平的合作者，争取合作机会。在合作过程中积极沟通解决问题，向合作方展现出自己的最大诚意，最终促成了圆满的合作。

在选择合作对象的过程中目标明确，倾向于强强联合的发展方式，以此实现优势互补，互利共赢。例如中南传媒与培生教育集团的合作，培生集团作为国际教育巨头，力压其他出版集团，高居全球出版榜首地位；中南传媒作为国内出版领军企业，产业结构完整丰富，占据国内出版龙头地位。② 双方品牌知名度高，市场占有率高，发展侧重方向不同，此次合作，是培生的精英教育理念与中南传媒的大众教育发展相碰撞，是培生的国际化教育标准和教育经验与中南传媒在中国教育市场积累的经验和资源的融合，更是培生集团深入中国市场与中南传媒走向国际的一次机会。

中南传媒与 IPR 平台的合作，亦是具有国际性质的强强联合。中南传媒通过入股的形式，正式将该平台引进中国，为国内的作者与出版社提供产品国际化的平台。对于 IPR 平台而言，进入中国，成功搭建起中国出版界与全球出版界之间版权交易的桥梁，一方面为全球出版界提供了中国出版作品，提供给世界读者更多优秀产品，丰富平台产品多样性，另一方面也打开了 IPR 平台在亚洲市场发展的新篇章，有助于推动 IPR 平台的进一步国际化。

---

① 杨玉斌．肩负学术使命 传播中国声音——以华中科技大学出版社国际化工作为例［J］．科技传播，2020，12（11）：24 –25.

② 潇湘晨报．中南传媒牵手全球教育巨头培生集团［EB/OL］．http：//www.xxcb.cn/e/wap/show.php? bclassid = 0&cid = 8100&classid = 9073&cpage = 3071&id =9013506&style =0. 2015 –09 –09/2022 –03 –21.

四、制定激励机制，提升员工动力

健全激励机制，是推动“走出去”的催化剂，是促进“走出去”的助燃剂。企业要想实现“走出去”，员工的角色至关重要。出版企业属于知识型企业，员工所掌握的知识与技能是企业发展的要素，注重提升员工主动性，能够挖掘员工工作潜能，实现工作效率最大化，并将其转化为生产力。①

（一）集团出台激励政策

真正“走出去”的实现，需要有效激发工作人员的积极性，制定集团内部激励政策，生成成员“走出去”动力。在“走出去”过程中，公司上下团结一心，共同奋进。集团采取政策激励杠杆，出台专项文件《“走出去工程”任务指标及激励办法》，借此激发各子公司的工作热情。② 通过强化“走出去”的激励措施，促进版权贸易的出口，促进国际合作。另外，集团对各下属出版单位下达“走出去”年度指标，将指标纳入年度绩效考核项目，考核内容涵盖以下方面：国际化运营水平、国际项目影响力、国际市场收益等。对于超额完成年度目标的出版社，集团将会有重奖。在上述措施的鼓舞下，湖南人民出版社、湖南少年儿童出版社等均超额完成了目标，成为集团公司“走出去”的先进单位。

（二）各子公司制定管理标准

集团出台专项文件的同时，子公司内部同样有所举措，根据

① 曾学民，秦茂盛，柳晨．新时代高校出版社人才激励机制探析［J］．科技与出版，2018（06）：161－164.

② 颜华．中南出版传媒集团：为“走出去”搭建更好、更宽的平台［J］．出版广角，2011（04）：22.

各出版社自身的现实情况，对“走出去”工作制定详细的管理规定。如湖南少年儿童出版社，为推动版权输出，在出版社内部，实施全员版权的管理方法，将出版“走出去”融入出版社的日常工作中，具体表现为增设版权专员，提升职工版权输出意识。出版社组织结构调整的终极目标，是使版权输出上升为员工共识，成为全体职工共同努力、共同奋斗的目标。出版社努力尝试激发职工潜力，构思输出方案，调整业务结构，持续推进优质内容资源的输出。①

中南传媒的政策激励制度实施已有多年，其间，随着公司发展情况与国际社会环境的变化，集团也会灵活调整具体要求，以期取得最优成果。总体而言，这些措施有效激发了各级人员的积极性，对于做好“走出去”工作起到了很好的引导作用。

---

① 董丹丹，冯立．少儿出版社版权输出路径刍议——以湖南少年儿童出版社为例［J］．出版广角，2020（08）：29－31.

第九章　中南出版传媒集团图书“走出去”存在的问题与对策

第一节　存在的问题

中南传媒在出版“走出去”方面取得了一系列成就，在国内出版队伍中，中南传媒显然已经处于领先地位。但是中南传媒在出版“走出去”过程中，仍然存在合作对象范围狭窄、市场调查手段单一、人才储备数量不足的问题。

一、国际合作伙伴地域分布失衡

（一）集中于亚洲与欧洲西部

表 9.1　部分中南传媒的国际合作项目

时间	项目
2010 年	中南传媒所属天闻动漫公司与日本角川集团合资成立广州天闻角川动漫公司
2012 年	参股韩国的阿里泉出版社株式会社
2014 年	天闻印务与印度 Viva Books 签订教材印刷项目
2017 年	与法兰克福书展 IPR 在线版权交易公司达成合作，引进 IPR 在线版权交易平台

续表

时间	项目
2016 年	承接援南苏丹教育项目
2018 年	湖南人民出版社携手越南安乐文化股份公司成立越南办事处
2018 年	与培生集团组建合资公司
2021 年	柬埔寨教育技术援助项目

根据表 9.1 可知，当前中南传媒实现国际合作的范围主要集中于亚洲与欧洲西部，这与政府提出的“走进西方主流发达国家”的既有“走出去”目标出现偏离。① 根据 STM 报告所统计的 2018 年的数据可知，当年全球信息出版市场产值 257 亿美元，美国占了 41%，中东市场与欧洲市场占了 27%，中国在这其中所占比例较低。②

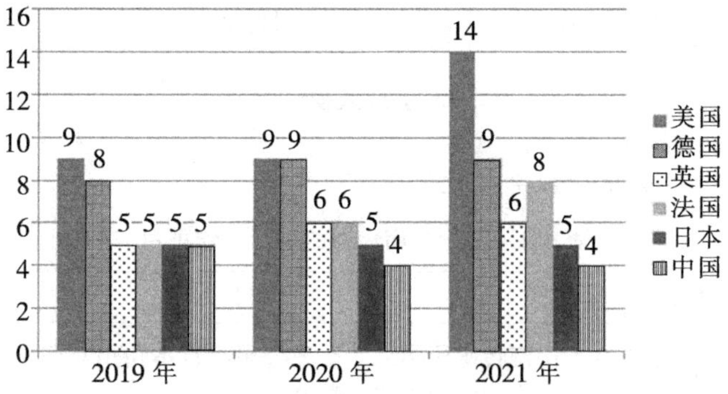

图 9.1　2019—2021 年“全球出版 50 强”中各国出版社的数量

① 张梅芳，刘海贵．基于“博览会模式”的我国出版业“走出去”政策反思与优化［J］．新闻大学，2014（02）：133－142＋26.

② 于仰飞，周葛．试论中国出版“走出去”的历程、问题及未来出路［J］．出版广角，2021（22）：56－58.

根据图 9.1 信息可知，2019—2021 年“全球出版 50 强”中出版社主要集中于美国与欧洲地区，欧美地区仍然是全球出版业的重心，中国只是出版大国，并不是出版强国，实现与欧美地区出版商的国际合作，可以在合作中学习发展出版事业，加强中国出版在全球出版业的影响力。

中南传媒国际出版合作伙伴地域分布失衡，原因有三：第一，中西方文化殊异。与欧美地区相比，东南亚地区靠近中国，文化历史上存在相似性，当地居民对中华文化接受度高。欧美国家与中国文化差异大，当地读者对中华文化认可度低，中华文化在当地受众稀少，市场狭小。第二，欠缺国际影响力。尽管中南传媒在国内属于出版龙头企业之一，甚至在全球出版企业排行榜中名列前茅。但在国际化方面，中国整体出版企业都弱于国外企业。中南传媒的国际影响力、国际竞争力仍稍显不足，在国际上尚未有较强的市场运作能力。第三，国际化表达能力不足。主要表现在我们传递的信息量不够，传递的信息不够准确，传递信息的方法不够聪明。在进行国际化表达的过程中，理应全面综合输出地的文化背景，调查海外读者阅读偏好，探寻海外图书市场规律，出版符合当地受众价值取向的文化产品。中南传媒在对中国图书内容的国际化表达方面有待深入探索。

（二）偏向于政策倾斜地区

国家为支持出版“走出去”，提供部分政策扶持企业，以此鼓励出版集团积极对外输出产品。例如“一带一路”倡议，由中国于 2015 年提出，旨在加强与“一带一路”沿线各国的往来贸易，推进共同发展。自倡议提出以来，中国与“一带一路”沿线各国频繁互动，逐步在加强国际投资与合作、深化贸易畅通、建立交流平台等方面开展了密切合作，在出版领域形成了良好的合作基础。[①] 此项倡议的提出，有力推动了国内文化繁荣，为国内出版商提供对外贸易机遇。借“一带一路”良机，各家出版商加强与沿线各国的合作，陆续实现实物、版权、资本等形式的贸易。中南传媒在“十三五”期间，共计对外输出版权超1400项，其中有997种图书进入“一带一路”沿线国家。[②]

从上述数字分析可知，在“十三五”时期，中南传媒针对“一带一路”沿线国家形成主要输出，输出数量约占总量的5/7。国家鼓励出版商与“一带一路”沿线国家实现合作，并给予资金、政策上的支持，出版商在此情况下无须担心亏损，能够积极实现输出。然而，根据国家政策方向发展对出版集团固然有利，但有学者指出，当前出版企业过于依赖国家政策，在政策给予的资金支持之下能够实现正常输出，从中收获较大收益，一旦项目暂停或终止，图书整体输出数量便会回到之前的状态[③]。出版行业需要活力，需要出版商充分发挥积极性，主动寻求国际合作的机会。在国家关于出版“走出去”政策的支持下，出版商发展出版“走出去”能够赢利，失去国家政策的扶持，出版商若独立发展出版“走出去”，能否赢利尚未可知。出版商对国家政策过度依赖，放弃主动探寻目标受众阅读偏好，无法对国际市场需求精准把握，容易滋生一系列问题，例如选题与受众阅读喜好出现偏差、选题出现大量重复等。另外，过度依赖国家政策，出口图书容易带有浓厚的外宣色彩，结果会适得其反，导致受众对此

---

① 赵礼寿，马丽娜．新时代我国对“一带一路”沿线国家的数字出版模式研究［J］．出版广角，2021（24）：21－25.

② 红网．中南传媒国际业务团队荣获“湖湘最美丝路青年集体”荣誉［EB/OL］．https：//baijiahao. baidu. com/s？ id＝1719743810431655548&wfr＝spider&for＝pc. 2021－12－21/2022－03－21.

③ 刘红．中国出版“走出去”的新挑战和发展策略［J］．新闻研究导刊，2021，12（14）：104－106.

产生强烈的排斥情绪。[①] 只有在海外形成独立赢利的能力，才能形成一条成熟的“走出去”路线，实现国际出版的良性发展。

二、国际图书市场信息调研欠缺

图书输出需要找准输出市场，充分的市场调研有助于把握输出市场的图书需求，促进图书在市场上的流通，推动图书更好地“走出去”。

市场调研是发展出版“走出去”的重要环节，具体体现在以下几个方面：一是通过及时了解输入地的出版行业规范与版权贸易相关法律法规情况，能够规避图书输出过程中可能遭遇的风险。二是通过市场调研了解输入地读者的阅读兴趣，准确把握输入地读者的阅读变化与阅读趋势，有的放矢，能够加大图书输出的成功率。三是通过市场调研能够了解输入地图书市场的空白，有针对性地调整输出产品，弥补地方图书市场空缺，满足广大读者的需要。

（一）片面调研致使信息缺失

2018 年，中南传媒举行了湖南人民出版社越南分社的揭牌仪式。越南分社是中南传媒首家在海外正式挂牌的办事处，然而在揭牌仪式之后，越南分社却并未有相应的图书生产活动。据悉，越南分社项目的推进遭到阻碍，阻碍因素是多方面的，其中项目难以进行的重要原因之一便是前期调研工作不足。由于在进行合作之前对越南市场的了解不够详尽，湖南人民出版社着重考虑的是将国内图书输出越南需要选择哪类图书，经过何种流程、何种发行渠道，但是图书在越南落地时的实际操作步骤却被完全

---

① 曹人云．“一带一路”战略下中国出版对外贸易研究［D］．济南：济南大学，2018.

忽略，导致理想与现实差距过大，运作越南分社的难度远超想象，实施起来困难重重。另外，就近几年输出情况来看，越南对于引进图书的需求主要在于儿童教育类图书，而湖南人民出版社所出图书多为时事政治类图书，政治导向性明确，越南图书市场需求与湖南人民出版社所出图书内容并不吻合，双方之间的供需错位导致合作难以进行。越南分社缺少可供出版的图书资源、稳定的营利模式，项目的可持续性难以保障，工作自然难以推进。由此看来，市场前期调查的疏漏是造成项目无法推进的重要原因。倘若在合作之前进行充分的市场调查，能够了解到越南当地的具体情况，即便无法成功推进合作，也可避免不必要的损失。

充分的市场调研对出版“走出去”能够起到有效的推动作用。市场调研工作应贯穿出版工作全过程，前期调研有助于开发符合受众需求的产品，中期调研有助于转换销售策略，后期调研有助于接受读者反馈，督促改进不足之处。以北京语言大学出版社为例，为在目标市场推行汉语教材，充分考虑到目标市场的差异性，采取“一国一策”调研模式，不仅采取走访调查方式，更综合考虑多种因素，包括国际书展销售信息等。如今，北京语言大学出版社的汉语教材已经深入多国教育图书市场，旗下北美分社更是成为美国多个州指定的教材供应商。①

对于出版“走出去”而言，海外信息获取难度大，“走出去”投资成本高，鉴于复杂的国际环境以及不同国家间制度、经济、文化等多方面存在的差异，做好前期市场调查是不可忽视的重要步骤，相比起对方告知的信息，通过自身调查所得资料显然更具可信度。翔实的调查是规避国际风险、实现安全合作的重

① 赵帅，蒋欣悦，田朋．国际汉语品牌教材走入海外国民教育体系［J］．出版参考，2019（12）：85－87.

要保障。

（二）单一手段影响调研效果

在对外出版图书运营方面，国际知名出版企业多是采取“哑铃型”的运营模式，即在进行对外贸易的前期，注重对输入地图书市场的调研和选题策划，而在发展后期，关注此次输出活动的反馈效果和绩效考核等。中国出版企业在对外贸易的过程中，采取的往往是“枣核型”的运营模式，即对于贸易前期和后期的关注度较低，将全部精力投入贸易的中间阶段，也就是生产环节，但由于前期调研不足，往往导致中间投入的巨大资源难以发挥应有作用。[①] 从效果上看，加强对调研工作的重视，才能够保障图书成功输出。事实上，中西方读者在阅读方面的喜好有很大差异。例如与文学相关的书籍，西方人推崇精简，作品情节要有张力、有冲击力，人物关系不必过于复杂。而中国图书往往人物关系错综复杂[②]。若直接将国内畅销图书输出海外，恐怕很难取得意料之中的效果。

海外市场调研是预估输出效果的重要途径，通过市场调研，获取海外图书市场信息，根据翔实的调研信息，能够了解输入地的读者需求，推动出版“走出去”。中南传媒有自己的调研方式，中南传媒国际部会定期搜集国际出版市场情况，知悉国内外出版行业发展变化，将重要内容打印成册，分发各部门共同学习。然而，国内所搜集的资料，难免存在信息的延迟与疏漏，真实性和具体性也有待商榷。除此之外，往年集团会组织专门队伍

---

① 于涛．我国传媒出版集团驻外机构建设初探［J］．中国出版，2010（01）：30－33.

② 成晟．文化“软实力”视角下的中国出版业“走出去”战略研究［D］．南京：南京大学，2015.

前往国外商谈合作，例如2018年时，中南传媒组建了“版权贸易专访团”，该团在第一次进行专访活动时，仅在一周时间内就成功对接21家越南出版机构，签署41种图书版权输出协议。遗憾的是，近两年受疫情影响，该项活动不得不被搁置，无法深入当地市场，市场调研活动难以展开。但事实上，即便是“版权贸易专访团”深入当地专访，受限于停留时长与环境差异，同样很难在短时间内了解到当地图书市场的真正情况。

以上所述市场调研方式，作为出版“走出去”的前期工作环节显然过于单一，完全无法满足出版集团发展出版“走出去”所需，中南传媒应开拓思路，积极寻找市场调研的可行之法，只有加深对海外市场的了解，才能避免落入被动境地，掌握海外出版的话语权。

三、国际人才储备难适全球战略

习近平总书记曾指出，人才是实现民族振兴、赢得国际竞争主动的战略资源[①]。中南传媒实施“国际化视野、产业化目标、专业化水准”的发展战略，离不开人才的作用。结合出版“走出去”所具有的专业性、复杂性特点，出版行业对于人才具有更高的要求。在发展出版对外贸易的过程中，一支专业团队的作用不容小觑。在团队中，拥有熟悉国际图书市场行情、掌握输出国家法律法规、丰富国际出版贸易经验的职员，能够有效推动对外贸易的实现，也有助于我国树立良好的国际形象。[②] 然而，当前中南传媒的人才储备与集团的国际化战略存在一定差距。

---

① 冯超．习近平新时代人才观研究［D］．长春：东北师范大学，2021.

② 梁红艳．图书版权输出优化策略探究［J］．编辑之友，2020（03）：83－89.

（一）人才结构不合理，高素质人才少

“新闻出版业是一个把人类精神创造物质化、社会化、扩大化的过程，因而也是一个依靠人才、需要人才、造就人才的行业。”[①] 人才资源是第一资源，历来深受重视。文化产业发展过程中，需要多方面的资源支持，其中人才资源是必不可少的。《2020年新闻出版产业分析报告》显示，与2019年相比，新闻出版单位的数量有1.3%的涨幅，但是就业人数却减少了17.8%。如何育才聚才，成为新闻出版单位的重要课题。[②] 国际知名出版企业高度重视人才资源。例如国际知名教育出版巨擘培生集团，重视聘用外籍专家、引进国际化人才，以此来充实集团内部人才库，保持人才资源领先优势。日本为提升职场人员的工作能力，不仅为他们提供国际交流机会，还通过建立文化出版产业专门人才库、教育认证机构等形式，加强对员工的职业培训。[③]

中南传媒作为一家出版上市公司，企业内已经培养出一定数量的出版人才，但人才更新速度难追业务开拓速度，在企业多元化经营发展之下，高素质人才仍难满足需求。根据表9.2可知，中南传媒的员工组成上，技术创新方面的员工仅占5%，而从受教育程度上来看，整体员工构成成“金字塔”形状，硕士及以上的高学历人才同样仅占5%，精通出版“走出去”的人才更是

---

① 刘拥军．着力推进新闻出版七大人才队伍建设［J］．出版广角，2013（03）：36－40.

② 陈丹，郑泽钒．奋行业之需，以规划为引，育强国之才——从《出版业“十四五”时期发展规划》看新时代出版人才队伍建设［J］．出版广角，2022（03）：6－11.

③ 杨明，徐建华．当前我国国际化出版人才队伍建设的困境与出路［J］．出版广角，2021（21）：49－51.

寥寥无几。人才是出版发展的生产力，是出版前进的推动力，实现高质量的发展需要更多高素质的人才。

表 9.2　中南传媒员工组成情况

中南传媒员工专业构成		中南传媒员工受教育程度	
专业构成类别	数量（人）	教育程度类别	数量（人）
生产人员	2912	硕士及以上	679
销售人员	6078	本科	3697
技术人员	666	专科	5100
财务人员	630	其他	3788
行政人员	2978		
合计	13264	合计	13264

（二）复合型人才难寻，市场供需错位

“从一定意义上讲，一个国家出版工作者的思想素质、工作水平、实操能力，决定着该国出版业在该国的地位和世界的地位。”① 出版企业发展出版“走出去”，对员工素质提出更高要求。首先，作为国际出版复合型人才，应该通晓一门外语，具有国际沟通交流能力，知悉国际学术规范，掌握对外翻译标准。其次，作为出版工作人员，应该具备出版相关知识，熟悉出版流程，掌握出版信息。最后，了解版权法和国际贸易规则等相关法律知识，能够对国际出版活动起到重要作用。例如近几年在国外市场很是畅销的作品《三体》，其翻译者刘宇昆，是一位难得的出版复合型人才。刘宇昆自身是位作家，兼有翻译家、律师等诸多身份，对于中英文的纯熟运用是其翻译《三体》的基础，自身文化的积淀也是成就《三体》在海外畅销的关键因素。日本

① 左志红．新时代怎样培养出版人才［N］．中国新闻出版广电报，2021－12－30（004）．

科幻作家立原透耶曾公开表示：日本在世界上的科幻影响力弱于中国，正是由于缺少了刘宇昆这样的人才。

现实情况中，出版复合型人才凤毛麟角。造成出版集团复合型人才稀缺，主要是市场环境所致，当前，国内设置出版学科的高校数量不多，而且学科建设教育理念落后，人才培养模式不具有针对性。“重知识轻能力、重专业轻全面素质发展、重继承轻创新”的教育观念仍然占据主导地位，缺乏老师引导，学生只能接触到书本上的知识，无法接触专业之外的信息。

第二节　对策

在出版“走出去”的过程中，中南传媒暴露了自身存在的问题，但同时也为之后的发展提供了方向。对现有问题有针对性地加以改正，通过拓宽北美市场、建立全球出版信息搜集系统和培养国际人才，中南传媒的出版“走出去”必定能更进一步。

一、拓宽北美图书出版市场，扩展输出版图

在全球出版业中，北美地区始终占据主流地位。美国出版产业常年位居世界前列，毗邻美国的加拿大，同样实力不俗。在“全球出版业 50 强”排行榜中，北美地区始终有超过 10 家出版企业。目前国内已有多家出版社在北美开拓出版业务，例如科学出版社早于 20 世纪 80 年代末就决定在北美设点，开辟新的市场。长河出版社 2002 年成立于美国本土，依照美国当地出版社的运作方式经营。北京语言大学出版社 2012 年在北美成立分社，主营中文教材教辅图书，现已成为当地三大供货商之一。中南传媒作为“全球出版 50 强”之一，却并未深入北美地区。开拓北美市场，有助于中南传媒出版“走出去”版图的扩展，促进国

际化战略的进一步实现，推动中华文化在全球的广泛传播。

（一）搭建出版机构：注重本土原则

拓展北美市场，在北美地区搭建出版点，创建出版机构，需要在人员配置、图书内容、营销渠道与发行方式等方面充分实现本土化。

首先是人员配置本土化。本土化的工作人员，熟悉当地图书市场环境，包括当地出版法律法规、图书出版发行流程、读者阅读图书偏好、已有图书出版企业等，这些信息能够为集团开拓市场提供参考价值，避免集团陷入误区，减少非必要的损耗。其次是内容产品本土化。若直接输出原生型内容，难免出现“水土不服”的情况，对图书内容与表达方式进行深入探索，考虑如何实现内容与当地文化的巧妙嫁接，才能翻越文化差异这道门槛。例如要将中国文化、中国理念、中国思想真正输出海外，只有通过本土化加工，将图书内容转化为符合国外读者价值取向、阅读习惯及语言风格的产品，令国外读者容易接受，才能使中华文化在当地读者心中占有一席之地。最后是营销渠道与发行方式的本土化。我国图书营销渠道较为单一，往往依靠书店、书摊销售。而北美地区图书营销方式则较为多样，因此在拓展市场的过程中，营销渠道的本土化十分重要。在营销方式的选择上，可以考虑关系营销。关系营销是指企业通过与受众建立良好关系，来稳定客户资源。受众在此既指个人消费者，也指出版营销渠道中涉及的分销商、供应商等。在发行过程中，除了常规的书店、超级书柜、网络等方式，还可以通过特殊平台进行销售，例如在母婴用品店销售育儿类书籍，在食品售卖店销售烹饪类图书，在化妆品零售店销售美妆类图书。另外，美国图书俱乐部发展繁荣，通过图书俱乐部销售图书，同样是一条重要的销售途径。[①] 采取本土化战略，能够成功拉近与当地读者的心理距离，形成长效机制，推动良性循环发展。

（二）推进国际合作：巧妙借力发力

当前在全球出版市场中，存在三大区域性图书出版市场，分别是东亚、西欧与北美。其中，北美地区出版业尤为发达，是全球出版重心。美国拥有数家国际知名大型出版集团，例如西蒙&舒斯特、哈珀－柯林斯、麦格劳－希尔。这些企业清楚美国出版行业的发展与出版市场规律，了解美国出版行业营销与发行方式，集团内更是拥有经验丰富的工作人员，深谙出版相关知识。中南传媒想拓宽北美市场，选择与当地出版机构合作，能够更快推动出版“走出去”。

首先，选择本土出版机构，借助对方在本土的出版资源、渠道信息，可以补强自身的薄弱点。以共赢为目标，双方通过合作，优势互补，科学配置出版资源，争取利益最大化。其次，与美国大型出版机构合作，可以借此机会吸收国外市场出版理念，了解全球出版发展动态，学习对方出版经验与企业管理手段，深入剖析对方在国际出版过程中采取的策略。最后，在合作过程中，能够向对方展示中国出版的风采，彰显中华文化的魅力，在国际上树立企业形象，增强中华文化的影响力。

二、建立国际出版服务系统，综合全球信息

2017 年，中南传媒通过入股的方式，将 IPR 平台引进中国，为国内出版商增添了版权交易的线上渠道。IPR 平台的服务对象

---

① 郝建林，安立军．美国图书营销体系对我国图书市场的启示［J］．出版广角，2013（06）：52－54.

为全球出版商，以此为交易渠道，世界各地出版商可实现翻译版权以及更多类型的版权交易活动。引进中国后，国内出版商增添了版权贸易的通道，可以在国内利用此平台，对外推广图书版权，将国内版权销售至全球各个地区。然而数据显示，就版权交易规模而言，来自德国与美国的出版机构在该平台交易额较多，中国方面对此平台的利用率较低。①

IPR 平台以提供版权交易服务为主，但在发展出版“走出去”的过程中，出版商的“走出去”方式逐渐多样化，需要愈加全面完善的出版市场信息，现有的信息平台无法提供全面资源，更难以精准推送需求服务，可以通过搭建更为完善的国际出版服务系统，综合全球出版信息，以此推动出版“走出去”。

（一）搭建系统，整合全球出版信息

搭建国际出版服务系统，需要重点关注以下几个方面：一是不同地区与出版相关的法律法规信息，二是各地读者的阅读喜好资料，三是提供世界图书版权交易服务。

综合各地出版法律法规信息。不同国家和地区对于文化产业采取不同的管理方式，在出版方面的管制情况也不尽相同。例如英美法系的新闻出版行业，虽然政府会进行控制管理，但对出版物不实行事先审查，而是通过追惩制来规范出版物内容；法国的出版自由则以政府的行政管控为前提，通过追惩制对出版物内容进行管理，同时实行版本备案制，即在发行前至少 48 小时，出版商需要提交 4 份样本至国际图书馆，留有备案。② 出版商在实行出版“走出去”的过程中，必须熟悉输入地相关出版法律法

① 托马斯·明库斯．版权交易自动化将成未来趋势［N］．窦元娜，许惟一，译．国际出版周报，2018－07－02（006）．

② 潘晓玲．出版法律体系构建的研究［D］．唐山：华北理工大学，2016.

规，才能避免触犯法律。

统计各地读者阅读喜好资料。处于世界不同地理位置的读者，生长环境与历史文化方面存在差异，致使不同国家的读者在阅读方面各有偏好。例如法国读者最青睐的作品是文学作品，在诸多文学作品中，侦探类、古典小说类作品尤为畅销；其次是社科文献类、时事评论类书籍。[①] 这种阅读现象的形成或许与法国文学的历史地位有关，法国文学是西方文学的重要组成部分，甚至对世界文学发展产生过深刻影响。反观日本读者，对于漫画情有独钟，漫画的读者群体庞大，分布在各年龄层，漫画更是日本出版界的重要收益来源。这与日本出版社的营销方式相关，它们注重培养受众阅读漫画的习惯，根据不同类型的受众群体，对漫画杂志进行定制设计，才能使漫画老少咸宜。[②] 其他地区的读者在阅读类型方面也各有偏好。统计各地读者的阅读喜好，能够为出版集团在选择“走出去”的目标市场时提供参考，综合考虑集团所出图书类型与读者阅读喜好的匹配情况，由此选择“走出去”的目标市场。

提供世界图书版权交易服务。就目前“走出去”情况来看，版权输出仍然是国际出版贸易最主要的交易方式，也是最重要的收益来源。以往的版权输出可以依靠国际书展了解图书情况，或者是组织代表团进行实地考察，近几年受疫情影响，无法面对面进行交谈，通过国际出版服务系统，以线上交换信息的方式实现版权输出，无疑是最合适的选择。平台应鼓励出版商上传图书版权具体信息，展示图书版权输出状态，例如图书已输出地区或输

---

① 殷叶玲，王学思，屠淑敏．看世界：最新版法国人阅读习惯调查报告发布［J］．图书馆研究与工作，2021（06）：2 +97.

② 刘叶华．日本出版业市场情况调查［J］．出版参考，2015（Z1）：26 –28.

出语种，并为买卖双方提供联系途径，便于双方进行沟通，促成合作。

（二）AI 赋能，助力精准推送服务

AI 技术在出版领域中的应用屡见不鲜，可以贯穿整个出版流程：在调研过程中的信息抓取、在生产过程中实现自动“书写”、在传播过程中的信息传递，都可借助 AI，节省人力物力，收获更优效果。在国际出版服务系统中，同样可以发挥 AI 优势，为全球出版商提供最佳体验。

在国际出版服务系统中，承载信息纷繁庞杂，五花八门的信息难以靠人力完成筛选。人工智能拥有强大的计算能力，利用人工智能的算法数据，能够在海量信息中进行检索，抓取关键信息。同时，人工智能通过深度学习，能够加深对文字内容的理解认识，准确把握文章内容性质，剔除掉不适宜传播的信息资源，明显提高审查效率，保证平台信息的合法性与合理性。

信息传播方式发生变化，现如今已从“人找信息”演变为“信息找人”的传播格局，即所谓的精准推送。在人工智能的助力下，信息精准推送服务愈发成熟，根据不断清晰的用户画像，能够实现对用户需求的准确把握。将其应用于国际出版服务系统中，对全球出版商进行“用户画像”，能够根据用户的背景信息、浏览版权信息和过往交易记录，结合用户所在地的法律法规、受众需求、市场环境等条件，根据算法推荐最合适的资源，抓住不同用户的版权需求，精准推送信息库中储存的合适版权，有助于提高交易成功率，促进文化传播。

三、培养国际出版贸易人才，建设人才矩阵

英国著名版权人 Lynette Owen，曾经以能力定义版权贸易人才：在知识方面需要了解版权知识、项目具体内容、国际市场状

况、出版基本流程，在能力素质方面，需要具备的能力包括掌握一门外语、精准预判销售前景、擅长沟通交流、计算能力出众、善于谈判以及过人的记忆力，另外，还需要对待工作热情、耐心、充满活力。① 在现有人才中，能够符合以上素质要求的寥寥无几。中南传媒已经是国内处于龙头地位的出版集团，高素质人才尚供不应求。缺乏高素质专业人才制约了我国出版“走出去”的发展，对于国际出版贸易人才的培养迫在眉睫，可以通过语种建设和人才引进的方式加以实现。

（一）加强语种建设

国际出版贸易，对于翻译人才的需求最为强烈。当前，翻译人才数量少、质量低。国内翻译人才的培养多是依靠高校教育，但是目前高校存在语种少、专业布局不合理的情况，严重影响到国内语种建设，进而对出版“走出去”造成阻碍。

加强语种建设，需要多方联动，结合政府、市场、高校等多方力量，方能有所成效。政府应发挥引领作用，从战略高度制定并实施相关培养计划，对于高校语种建设提出明确要求，通过发布相关文件的方式引起高校的重点关注，并跟进掌握高校实施情况。市场方面需要做好调研，了解国内出版“走出去”对于不同语种相关人才的需求情况，提升精通稀缺语种的人才的薪资待遇，吸引更多人员参与其中，壮大“走出去”人才队伍。出版企业应加强与高校合作，高校教师队伍之中隐藏有许多高水平翻译人才，同时高校又是培养出版、翻译、贸易等人才的基地，双方加强合作，强化人才培养的目的性、专业性，契合当前市场对

① 杨明，徐建华．当前我国国际化出版人才队伍建设的困境与出路［J］．出版广角，2021（21）：49－51.

于人才的需求。①

（二）实行人才引进

人才培养是一个漫长的过程，出版“走出去”的机会却是转瞬即逝，对于中南传媒而言，直接引进专业人才是一个不错的选择。出版集团应以需求为导向，挑选适合集团发展的人才。对于稀缺人才，出版集团应该展现公司诚意，尽可能留住人才。另外，尽管出版“走出去”对于复合型人才的需求更强烈，但现实情况中，复合型人才十分难得，企业可以引进某一方面的专业人才，后续制定合理的人才培养目标，努力打造复合型人才。出版集团可以定期邀请业内专家、行业领军人物或是高校教师针对员工不擅长的领域进行专业培训，后续通过跟进项目的方式加以考察，使员工能够尽快掌握出版“走出去”的相关技能。

① 张志成．本土人才国际化与国际人才本土化——谈出版走出去与出版人才培养［J］．中国出版，2013（04）：25－27.

图书在版编目（CIP）数据

中国图书国际传播研究 / 尹飞舟等著. -- 湘潭 : 湘潭大学出版社, 2023.3
ISBN 978-7-5687-1037-4

Ⅰ. ①中… Ⅱ. ①尹… Ⅲ. ①图书—文化传播—研究—中国 Ⅳ. ①G239.2

中国国家版本馆 CIP 数据核字（2023）第 046991 号

中国图书国际传播研究

ZHONGGUO TUSHU GUOJI CHUANBO YANJIU

尹飞舟 谢清风 王海刚 郭晴晴 著

责任编辑： 王正杰
封面设计： 李 平
出版发行： 湘潭大学出版社
社　　址： 湖南省湘潭大学工程训练大楼
电　　话： 0731-58298960 0731-58298966（传真）
邮　　编： 411105
网　　址： http://press.xtu.edu.cn/
印　　刷： 长沙鸿和印务有限公司
经　　销： 湖南省新华书店
开　　本： 880 mm×1230 mm 1/32
印　　张： 8
字　　数： 208 千字
版　　次： 2023 年 3 月第 1 版
印　　次： 2023 年 3 月第 1 次印刷
书　　号： ISBN 978-7-5687-1037-4
定　　价： 48.00 元